Karol Myśliwiec

# DWADZIEŚCIA LAT POLSKICH BADAŃ W SAKKARZE

## TWENTY YEARS OF RESEARCH BY POLISH ARCHAEOLOGISTS IN SAQQARA

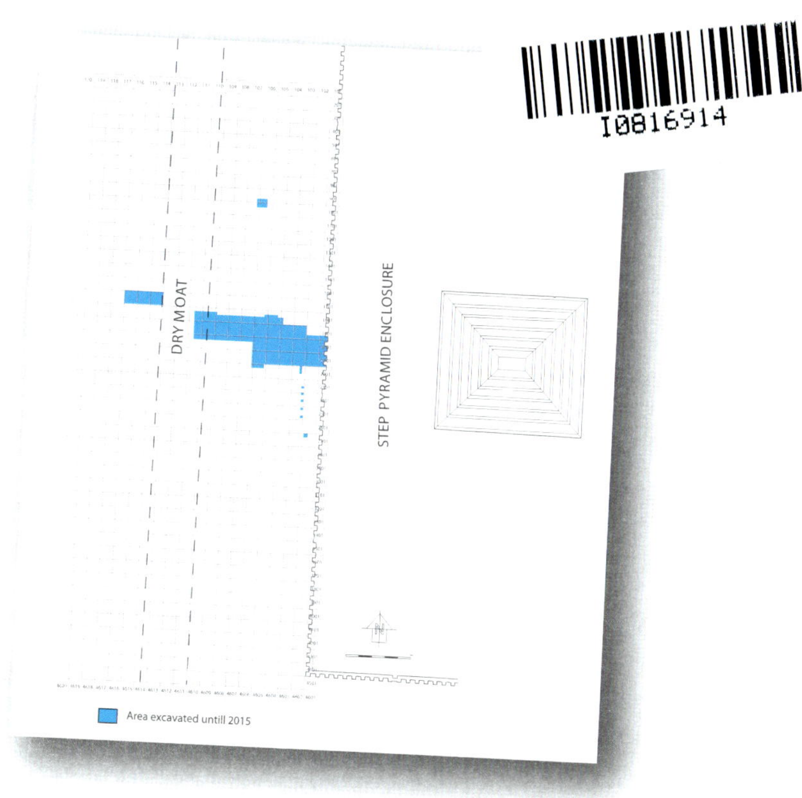




WARSZAWA 2016

SPONSORZY MISJI ARCHEOLOGICZNEJ SAKKARA:
SPONSORS OF THE SAQQARA ARCHAEOLOGICAL MISSION:

Centrum Archeologii Śródziemnomorskiej
im. Prof. Kazimierza Michałowskiego,
Uniwersytet Warszawski

Instytut Kultur Śródziemnomorskich i Orientalnych
Polskiej Akademii Nauk

Fundacja na Rzecz Nauki Polskiej, Warszawa

Narodowe Centrum Nauki, Kraków

Komitet Badań Naukowych, Warszawa

Polskie Górnictwo Naftowe i Gazownictwo, Warszawa

Rzeczpospolita dziennik

Glimar S.A., Rafineria Nafty

Uniwersytet Rzeszowski, Rzeszów

dr Johanna Holaubek

Alicja Kozłowska

Anna Romain Zaleski

Helena Zaleski

Teresa Żurkowska

Niniejsze opracowanie powstało w ramach projektu badawczego finansowanego przez Narodowe Centrum Nauki (konkurs „OPUS 6"), umowa nr UMO-2013/11/B/HS3/04472 („Dry Moat" w Sakkarze jako unikatowa „kapsuła czasu" - źródło do poznania historii nekropoli memfickiej jako funkcji zmian środowiska naturalnego).

This work has been written within the framework of the research project funded by the National Science Centre (‚OPUS 6' competition), agreement no. UMO-2013/11/B/HS3/04472 (‚Dry Moat' in Saqqara as a unique ‚time capsule' – a source material for investigation of the history of the Memphite necropolis as a function of changes in the natural environment).

*Położenie Sakkary na granicy Egiptu Dolnego (Delta Nilu) i Środkowego (Dolina Nilu).*
*Location of Saqqara at the border of Lower (Nile Delta) and Middle Egypt (Nile Valley).*

Jednym z paradoksów badań archeologicznych w Sakkarze, centralnej części największej nekropoli królewskiej świata, w której przez cztery tysiąclecia grzebani byli faraonowie i notable pałacu królewskiego oraz świątyń starożytnego Memfis, jest fakt, że przez ponad półtora wieku intensywnych wykopalisk prowadzonych przez misje różnych krajów na tym cmentarzysku o wyjątkowym znaczeniu dla historii Egiptu, nikt z badaczy nie zainteresował się terenem przylegającym od zachodu do najstarszej z piramid, zbudowanej ok. r. 2650 p.n.e. dla faraona o imieniu Neczerichet (nazywanego Dżeserem w późniejszych źródłach egipskich), tzw. „piramidy schodkowej". Nawet najwybitniejsi znawcy Sakkary uważali, że może się tam znajdować raczej starożytny śmietnik niż obiekt o jakimkolwiek znaczeniu historycznym. A przecież znajomość wierzeń i zwyczajów funeralnych podpowiada, że wokół okręgu grobowego, który był pionierskim dziełem Imhotepa, deifikowanego przez tysiąclecia architekta i kapłana, powinna rozwinąć się nekropola o wyjątkowym prestiżu dla najwyższych sfer społeczności memfickiej.

It is one of the paradoxes of archaeological research in Saqqara, the central part of the largest royal necropolis in the world, where pharaohs and high officials of the royal court and ancient Memphis temples were buried for four thousand years, that for over more than one and a half centuries of intensive excavation works performed by missions from different countries at that cemetery of exceptional significance in the Egyptian history, no scholar showed any interest in the area which lay immediately to the west of the oldest pyramid, erected around 2650 BC for the pharaoh called Netjerykhet (later called Djoser in Egyptian sources), the so-called 'step pyramid'. Even some of the most eminent scholars involved in the study of Saqqara believed that it could contain an ancient waste dump rather than a feature of any importance for history. However, the knowledge of the beliefs and funerary practices indicates that a necropolis of an exceptional prestige for the Memphite elites should have developed around the funerary centre which was a pioneering achievement of Imhotep, the architect and priest deified over millennia.

Kierując się tym przekonaniem grupa polskich archeologów reprezentujących Centrum Archeologii Śródziemnomorskiej im. Profesora Kazimierza Michałowskiego Uniwersytetu Warszawskiego przeprowadziła tu w roku 1987 badania wstępne. Zaczęły się one od prospekcji geofizycznej; jednej z pierwszych w archeologii Egiptu[1]. Rezultat survey'u zaskoczył archeologów: badany teren usiany był „anomaliami" geofizycznymi, które wskazywały na pozostałości starożytnych budowli wzniesionych z materiałów, które znakomicie kontrastowały z warstwą piasku przykrywającą dziś cały ten obszar. Trzy niewielkie sondaże, wykonane w różnych punktach badanego terenu, potwierdziły nasze przypuszczenia[2]. Pochówki i ruiny konstrukcji grobowych nie pozostawiały najmniejszych wątpliwości co do tego, że do piramidy przylegało od zachodu rozległe cmentarzysko, które użytkowane było przez niemal cztery tysiące lat, od początków epoki faraońskiej aż po wczesne chrześcijaństwo. Postanowiliśmy rozpocząć tu systematyczne wykopaliska.

Propelled by this belief, a group of Polish archaeologists representing the Centre for Mediterranean Archaeology of the University of Warsaw carried out a field survey there in 1987. It commenced with a geophysical survey, one of the first in the archaeology of Egypt[1]. The result was surprising to the archaeologists: the examined portion showed a number of geophysical 'anomalies' which indicated the presence of remains of ancient buildings constructed from materials that strongly contrasted with the layer of sand covering the whole area at the moment. Three small trial pits at different points of the sector confirmed our speculations[2]. We decided to launch systematic excavation works there. Burials and ruins of funerary structures left no room for doubt that right next to the western part of the pyramid complex there was a large cemetery which had been used for nearly four thousand years, from the initial stages of the Pharaonic Period to the early Christian times.

*Po zachodniej stronie piramidy Dżesera: teren przed polskimi wykopaliskami.*
*The western side of the pyramid of Djoser: the area before the Polish-Egyptian excavations.*

*Archeolodzy czyszczący pochówki szkieletowe Nekropoli Górnej przed ich dokumentacją.*
*Archaeologists cleaning skeletal burials from the Upper Necropolis* in situ.

Jednak sytuacja polityczna i gospodarcza Polski w latach historycznego przełomu wystawiła na próbę naszą cierpliwość. Musieliśmy czekać aż dziewięć lat zanim pojawili się pierwsi sponsorzy gotowi wesprzeć ambitne plany misji. Kołem zamachowym stała się odważna decyzja naczelnego redaktora „Rzeczpospolitej", dzięki której mogliśmy wznowić prace w roku 1996. Później dołączyli entuzjaści archeologii i prawdziwi patrioci, rozumiejący zarówno naukową jak i opiniotwórczą wartość naszych poczynań. Gorące podziękowania chciałbym w tym miejscu złożyć szczególnie trzem osobom, których hojności zawdzięczamy kolejne kampanie wykopaliskowe: pani Alicji Kozłowskiej, pani Teresie Żurkowskiej i pani Helenie Zaleski.

Systematyczne wykopaliska rozpoczęliśmy w roku 1996 od poszerzenia sondażu wykonanego dziewięć lat wcześniej niemal dokładnie na przedłużeniu osi piramidy schodkowej. Właśnie tutaj spodziewaliśmy się ciekawego odkrycia z czasów Starego Państwa, gdyż w pobliżu zagadkowego muru o archaicznej konstrukcji biegnącego równolegle do boku piramidy, znaleźliśmy wcześniej duże ilości ceramiki z okresu Starego Państwa, a także fajansowe płytki o błękitnej glazurze, dokładnie takie jakimi wyłożono ściany niektórych pomieszczeń podziemnych w kompleksie grobowym Dżesera. Poszerzając ten wykop w kierunku piramidy położonej w odległości

Nevertheless, the political and economic situation in Poland at the time of historic changes put our patience to the test. We had to wait nine long years before first sponsors were willing to support the ambitious plans of the mission. a bold decision of the editor of 'Rzeczpospolita' was the breakthrough, thanks to which we were able to resume our work in 1996. Later we found allies in archaeology lovers and real patriots who understood both the scientific and opinion-making values of our undertaking. I would like to offer my sincere thanks particularly to three people whose generosity made it possible to organize a series of excavation campaigns: Alicja Kozłowska, Teresa Żurkowska, and Helena Zaleski.

Systematic excavations began in 1996 with the enlargement of the trial pit dug nine years earlier almost precisely on the expanded length of the step pyramid axis. It is there that we expected an exciting discovery from the times of the Old Kingdom, since in the vicinity of the mysterious wall of an archaic structure, which ran in a parallel line to the side of the pyramid, we had found a lot of Old Kingdom pottery as well as blue faience tiles, exactly of the same type as the ones used to decorate walls of some subterranean chambers in the funerary complex of Djoser. When the trench was expanded in the direction of

zaledwie ok. 30 metrów, napotkaliśmy niespodziewaną przeszkodę: wysokie zwalisko cegieł suszonych, świadectwo monumentalnej budowli, której charakter musiał pozostać zagadką przez cały rok, tj. aż do następnej kampanii[3].

Gdy wróciliśmy jesienią 1997 r., zaczęliśmy prace od ceglanej „piramidy" we wschodnim profilu wykopu. Jej charakter wyjaśnił się nagle, gdy wspomniany już wcześniej wątek muru kamiennego okazał się być częścią obudowy dziedzińca wykutego w skale i pokrytego grubą powłoką mułową. Na powierzchni polepy rysowały się wyraźnie ślady palenisk rytualnych. Zatem musiał to być dziedziniec grobowca wykutego w skale, którego część naziemna, wzniesiona z cegły suszonej, zawaliła się, przykrywając wejście do kaplicy kultowej. Emocje misji sięgały zenitu. Wiedzieliśmy już na pewno: za ceglanym zwaliskiem musi być wejście do grobowca. Czyjego, z jakiego okresu? Już pierwsza odsłonięta inskrypcja hieroglificzna, wyryta na architrawie kaplicy grobowej, uzmysłowiła nam, że mamy do czynienia z mastabą wezyra o imieniu Merefnebef[4]. „Wezyrem" nazywają egiptolodzy dostojnika, którego egipski tytuł wskazuje na to, że stał on na czele hierarchii urzędników dworu królewskiego. Dziś nosiłby tytuł premiera.

the pyramid, located at a distance of only approx. 30 metres, the researchers faced an unexpected obstacle: a tall pile of mud bricks, evidence for a monumental edifice, whose character remained a mystery for the whole year, i.e. until the next campaign[3].

When we returned in autumn 1997, we began our work from the brick 'pyramid' in the eastern profile of the trench. Its character was understood suddenly, when the already mentioned stone wall turned out to be a part of the enclosure of a courtyard carved in rock and covered with thick silt layers. The surface of the pavement displayed clear remains of ritual hearths. Therefore, it must have been a courtyard of a tomb carved in rock, whose part constructed above the ground from mud brick collapsed and covered the entrance to the cult chapel. We were extremely excited. One thing had become certain: behind the accumulation of bricks there must be the entrance to the tomb. Whose tomb, and from which period? The first unearthed hieroglyphic inscription, carved in the architrave above the funerary chapel, told us that we had come across the mastaba of a vizier called Merefnebef[4]. 'Vizier' is the name Egyptologists attribute to a high official whose Egyptian title indicates that he was at the top of the hierarchy of the royal court officials. Today he would bear the title of prime minister.

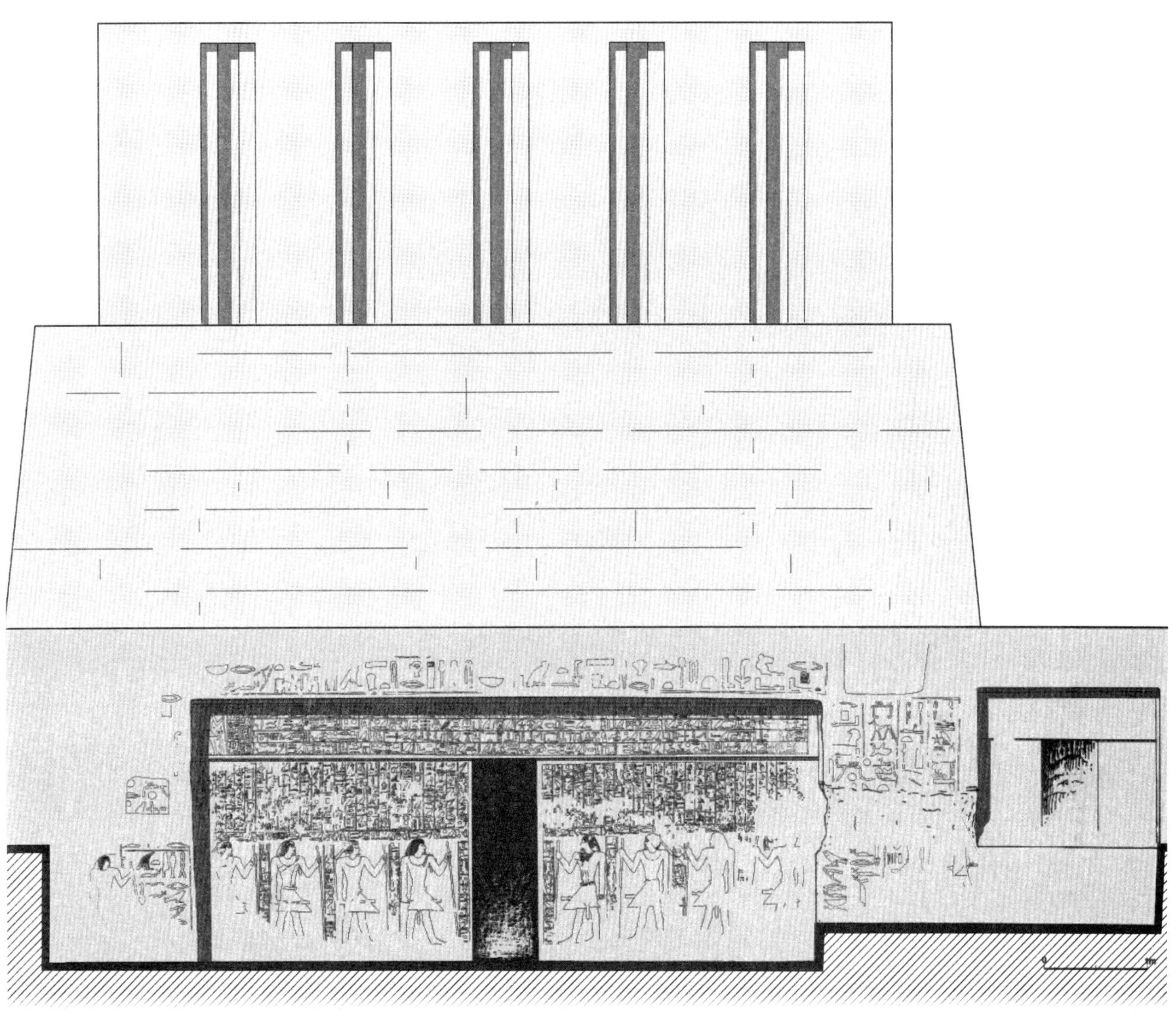

*Rekonstrukcja fasady mastaby Merefnebefa.*
*Reconstructed façade of the mastaba of Merefnebef.*

*Fasada grobowca Merefnebefa. Spod gruzów mastaby wyłania się inskrybowane nadproże kaplicy kultowej. Tekst wylicza cnoty zmarłego i najważniejsze dni świąteczne.*
*The façade of Merefnebef's tomb. Emerging from the debris of the mastaba is the inscribed lintel of his cult chapel. The text enumerates the virtues of the tomb owner and some of the most important festival days.*

*Fasada kaplicy grobowej wezyra Merefnebefa (wczesna VI dynastia).*
*Façade of the funerary chapel of vizier Merefnebef (early Sixth Dynasty).*

Gdy znaleźliśmy się we wnętrzu niewielkiego pomieszczenia pełniącego funkcję kaplicy kultu właściciela grobu, oczom naszym ukazała się piękna plaskorzeźbiona i polichromowana dekoracja ścian[5]. Wspaniale zachowały się żywe kolory scen i napisów hieroglificznych, lepiej niż w jakimkolwiek innym grobowcu sakkareńskim ze schyłkowej fazy Starego Państwa, tj. z czasów VI dynastii (ok. 2300-2200 p.n.e.).

When we entered the small chamber functioning as his cultic chapel, we saw a magnificent polychrome relief decoration of the walls[5]. Bright colours of the scenes and hieroglyphic inscriptions were preserved in excellent condition, better than in any other Saqqaran tomb from the final phase of the Old Kingdom, i.e. from the times of the Sixth Dynasty (approx. 2300-2200 BC).

*Północna ściana pasażu prowadzącego do grobowca wezyra, ze skutymi przez ikonoklastów wyobrażeniami dwu synów i fragmentem inskrypcji nad głową Merefnebefa.*
*The northern part of the doorway leading to the tomb of the vizier with figures of two sons and a fragment of the inscription over the head of Merefnebef chiselled out by iconoclasts.*

Natychmiast zdaliśmy sobie sprawę z tego, że te dzieła znakomitego artysty mogą w każdej chwili wykruszyć się albo rozpaść na tysiące kawałków. Bardzo zła jakość skały, w której wykuto grobowiec, spowodowała migrację soli w kierunku powierzchni reliefów i groźne odspojenia nawet dużych partii dekoracji. Niezbędna była natychmiastowa interwencja konserwatorów. Od tego momentu kilkuosobowa ekipa konserwatorska towarzyszy wszelkim poczynaniom archeologów na tym terenie. Dopiero po kilku latach badań laboratoryjnych i żmudnych zabiegów wykonywanych zarówno na płaskorzeźbach jak też ich podłożu skalnym, stan zachowania unikatowych dzieł sztuki ustabilizował się na tyle, że mogliśmy pomyśleć o odsłonięciu sąsiedniej mastaby, której istnienie nie było już dla nas zagadką, jako że część ceglanego muru jej superstruktury ukazała się w czasie prac wokół grobowca wezyra.

We immediately realized that the works of an outstanding artist could crack or fall apart into thousands of pieces at any moment. Very poor quality of the rock which the tomb was hewn in led to the migration of salt towards the surface of the reliefs, causing dangerous flaking of even large parts of the decoration. It was necessary to ask for immediate help of conservators. Ever since that time, a team of conservators is always present when archaeologists work in that area. Only after several years of laboratory tests and exhausting work on both the reliefs and the rock layer, the state of preservation of the unique masterpieces became stable enough for us to consider uncovering the neighbouring mastaba, whose existence was no mystery for us anymore, since a part of the brick wall of its superstructure had already been seen during the works around the tomb of the vizier.

*Z lewej: naczelny konserwator misji, Zbigniew Godziejewski przy pracy w grobowcu Ni-anch-Nefertuma; z prawej konserwator Urszula Dąbrowska przy pracy.*
*Left: chief restorator, Zbigniew Godziejewski, at work in the funerary chappel of Ni-anch-Nefertum; right: Restorator Urszula Dąbrowska at work.*

Grobowiec Merefnebefa, podobnie jak jego właściciel, okazał się być unikatem nie tylko artystycznym, lecz także historycznym. Jego dekoracja zawierała bowiem szereg niezwykłych elementów wzbogacających naszą wiedzę o jednym z najbardziej burzliwych okresów Egiptu faraońskiego, kiedy to znakomicie zorganizowane państwo, po raz pierwszy w swojej historii, chyli się stopniowo ku upadkowi[6]. Liczne świadectwa przemian politycznych i społecznych odkryliśmy właśnie w sąsiadujących ze sobą kaplicach grobowych wezyra Merefnebefa i kapłana oraz sekretarza królewskiego o imieniu Ni-anch-Nefertum. Pierwsza z nich zaskakuje najpierw swoimi skromnymi wymiarami. Dostojnicy o podobnym statusie społecznym chowani byli na ogół w mastabach o kilkunastu, a nawet kilkudziesięciu pomieszczeniach pełniących różne funkcje. Sprawa wyjaśnia się po dokładnym zbadaniu napisów hieroglificznych wewnątrz kaplicy: „nasz" wezyr był nuworyszem, którego wyniesiono na szczyty hierarchii społecznej dopiero w końcowej fazie jego kariery[7]. Tytuł wezyra pojawia się tylko w tej części kaplicy grobowej, która była dekorowana najpóźniej, czyli w fasadzie i wąskim przejściu do wnę-

The tomb of Merefnebef, just like its owner, proved to be unique, not only in artistic but also in historical terms. Its decoration included a number of unusual elements, broadening our knowledge of one of the most turbulent periods of pharaonic Egypt, when for the first time in its history, the perfectly organized state gradually headed for a fall[6]. Rich evidence for political and social changes was discovered in the two funerary chapels neighbouring with each other: one belonging to vizier Merefnebef and the other owned by a priest and royal secretary called Ny-ankh-Nefertum. The former is initially puzzling due to its moderate size. Officials enjoying a comparable social status were normally buried in mastabas with a dozen or even several dozen chambers which fulfilled different functions. The case becomes clear, however, after careful examination of the hieroglyphic inscriptions inside the chapel: 'our' vizier was a *nouveau riche*, who had been elevated to the top of the social hierarchy only in the final phase of his career[7]. The title of vizier appears only in the part of the funerary chapel which was decorated most recently, i.e. the façade and the narrow doorway leading to the chamber. It is clear that the unexpected good fortune



*Portret wezyra w reliefie wgłębnym na północnej ścianie fasady jego kaplicy grobowej.*
*Portrait of the vizier in sunken relief carved on the northern wall of the façade of his chapel.*

*Wnętrze kaplicy kultowej wezyra: ściana zachodnia ze „ślepymi wrotami". The inside of the cult chapel of the vizier: western wall with the 'false doors'.*

trza pomieszczenia. Widać wyraźnie, że niespodziewany uśmiech losu skłonił dostojnika do przełożenia swojego nowego statusu na kształt swojego grobowca. Zaczęto rozbudowywać jego część frontalną, a nawet wykuwać drugą, mniejszą kaplicę, przeznaczoną, być może, dla matki „wezyra", która najwyraźniej grała w tej rodzinie „pierwsze skrzypce". Żadne z tych przedsięwzięć nie zostało jednak ukończone, budowniczych musiała zaskoczyć śmierć dostojnika. Jego ciało, a właściwie szkielet, odkryliśmy porzucony w nieładzie ... na wieku kamiennego sarkofagu ustawionego już w komorze grobowej, ale również nie ukończonego. Niewątpliwie już w czasach Starego Państwa do komory grobowej dostali się i splądrowali ją rabusie. Podobny los podzieliło w owych czasach wiele mastab dostojników na nekropoli sakkareńskiej[8].

made the official translate his new status into the form of his tomb. The work on the expansion of the front part was commenced as well as the carving of another, smaller chapel, possibly intended for the mother of the 'vizier', who apparently dominated the family. Neither of these projects were completed, the builders must have been obliged to leave their work unfinished when the official died. His body, or actually the skeleton, was discovered left in disorder ... on the lid of the sarcophagus, already placed in the burial chamber but also unfinished. Undoubtedly, already in the times of the Old Kingdom, the burial chamber was burgled and looted. a similar fate was shared by many mastabas of high officials at the Saqqaran necropolis in those times[8].

*Dekoracja wschodniej ściany w kaplicy wezyra: scena polowania na dzikie ptactwo (oryginalna) i scena rybołówstwa (dodana po wykruszeniu się płaskorzeźby pierwotnej).*
*Decoration of the eastern wall of the vizier's chapel: scene depicting fowling (original) and fishing (added later, after the original relief flaked off).*

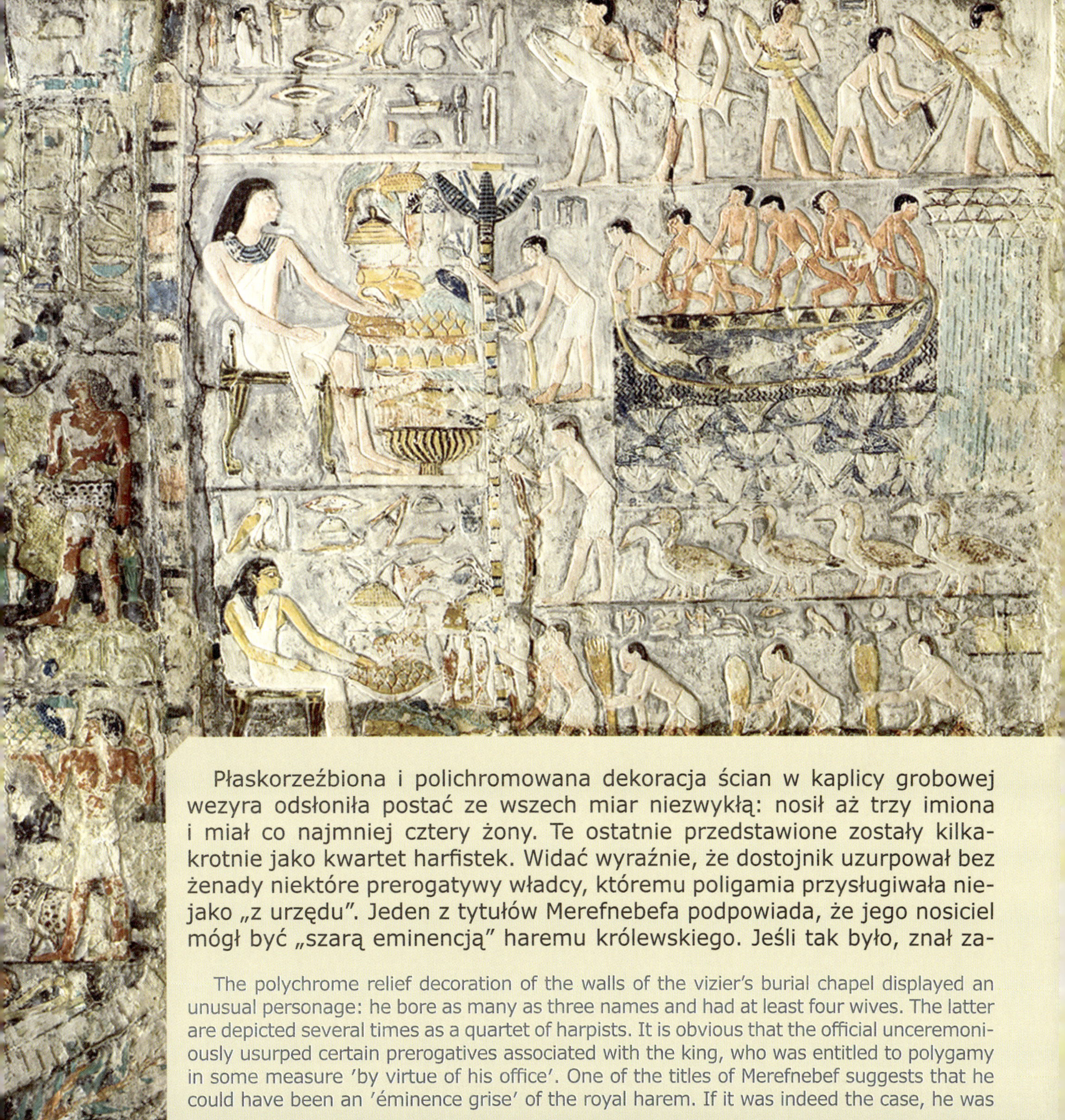

Płaskorzeźbiona i polichromowana dekoracja ścian w kaplicy grobowej wezyra odsłoniła postać ze wszech miar niezwykłą: nosił aż trzy imiona i miał co najmniej cztery żony. Te ostatnie przedstawione zostały kilkakrotnie jako kwartet harfistek. Widać wyraźnie, że dostojnik uzurpował bez żenady niektóre prerogatywy władcy, któremu poligamia przysługiwała niejako „z urzędu". Jeden z tytułów Merefnebefa podpowiada, że jego nosiciel mógł być „szarą eminencją" haremu królewskiego. Jeśli tak było, znał za-

The polychrome relief decoration of the walls of the vizier's burial chapel displayed an unusual personage: he bore as many as three names and had at least four wives. The latter are depicted several times as a quartet of harpists. It is obvious that the official unceremoniously usurped certain prerogatives associated with the king, who was entitled to polygamy in some measure 'by virtue of his office'. One of the titles of Merefnebef suggests that he could have been an 'éminence grise' of the royal harem. If it was indeed the case, he was

pewne niejedną tajemnicę władcy i właśnie to mogło pomóc mu w oszałamiającej karierze na dworze królewskim.

Równie diagnostyczne jak inskrypcje i sceny figuralne okazały się liczne skucia fragmentów dekoracji na ścianach kaplicy grobowej. Ikonoklaści wymłotkowali, m. in., wizerunki starszych synów wezyra, pozostawiając nietkniętym tylko konterfekt potomka młodszego, noszącego takie same imiona jak ojciec. Wydaje się, że to właśnie on był inspiratorem „retuszy", co wskazywałoby na konflikt w rodzinie po śmierci właściciela grobu. Wymłotkowanie fragmentów inskrypcji zawierających tytuł „honorowany przez króla" dowodzi, że

definitely aware of certain royal secrets and that could have helped him make a brilliant career at the royal court.

Numerous fragments of the decoration in the burial chapel which were chiselled out turned out to be as diagnostic as the inscriptions and figural scenes. The iconoclasts erased, i.a., representations of the older sons of the vizier, leaving only the image of the youngest one untouched, who bore the same names as his father. It appears he inspired the 'retouch', which would indicate a conflict in the family after the death of the tomb owner. The chiselling out of the inscription fragments containing the title of 'honoured by the king' proves

*Detale sceny polowania:*
*z lewej: dramat piskląt zimorodka wykradanych z gniazda przez żenetę;*
*u góru: motyl (*Danaus chrysippus chrysippus*) w zaroślach papirusu*
*Details from the hunting scene:*
*left: tragic fate of the kingfisher chicks seized from the nest by a genet; top:*
*butterfly (*Danaus chrysippus chrysippus*) in the papyrus thicket*

męska progenitura dostojnika kłóciła się nie tylko o schedę po ojcu, lecz także o jego powiązania z konkretnym władcą, którego imię nie zostało wprawdzie zapisane, ale który budził negatywne emocje u młodszego syna Merefnebefa. Biorąc pod uwagę okres, z którego pochodzi grób wezyra (początek VI dynastii), faraonem tym mógł być tylko efemeryczny i zagadkowy król o imieniu Userkare, którego prawo do tronu budziło wątpliwości u współczesnych, jako że pomijano jego imię w inskrypcjach najwyższych dostojników tego okresu[9].

that the male progenitors of the vizier fought over not only the inheritance but also the father's connections with a particular king, whose name was not written, and who evoked negative emotions in the youngest son of Merefnebef. Considering the period which the tomb is dated to (the beginning of the Sixth Dynasty), the pharaoh could only have been the ephemeral and mysterious king Userkare, whose right to the throne was disputed among his contemporaries, since his name was omitted in the inscriptions of the highest officials of that period[9].

*Portret Merefnebefa i jednej z jego czterech małżonek w scenie bankietu na południowej ścianie kaplicy kultowej.*
*Portrait of Merefnebef and one of his four consorts in a feast scene on the southern wall of his cult chapel.*

*po lewej/ left*
*Tancerki w akrobatycznym tańcu przed właścicielem grobu; detal sceny bankietu.*
*Dancers performing in front of the tomb owner; detail from the feast scene.*

*Ni-anch-Nefertum z dwoma najmłodszymi synami. Jeden z segmentów „panoramy rodzinnej" na ścianie wschodniej.*
*Ny-ankh-Nefertum with his youngest sons. A segment of the 'family panorama' on the eastern wall.*

*Kaplica kultowa Ni-anch-Nefertuma. Podwójne „ślepe wrota" w południowej części ściany zachodniej.*
*Cult chapel of Ny-ankh-Nefertum. Double 'false door' in the southern part of the western wall.*

Grobowiec sąsiedni, odsłonięty w 2003 roku, okazał się niemal architektoniczną kopią mastaby wezyra, jednak dekoracja ścian jego kaplicy kultowej jest świadectwem zupełnie odmiennej sytuacji rodzinnej[10]. W odróżnieniu od poligamisty z tytułem wezyra, Ni-anch-Nefertum, zaufany sekretarz faraona pełniący również funkcje kapłańskie przy piramidach zmarłych faraonów, miał tylko jedną żonę, a z nią liczne

The neighbouring tomb, unearthed in 2003, proved to be almost identical to the vizier's mastaba in terms of architecture, however, the decoration of the walls in its cult chapel testified to a completely different family situation[10]. Unlike the polygamist bearing the title of vizier, Ny-ankh-Nefertum, a confidential secretary of the pharaoh, also fulfilling the function of priest at the pyramids of deceased pharaohs, had only one wife and numerous offspring by her. The male

*Fasada kaplicy kultowej Ni-anch-Nefertuma; w głębi widoczny czubek piramidy Dżesera.*
*Façade of the cult chapel of Ny-ankh-Nefertum; top of the pyramid of Djoser visible in the background.*

potomstwo. Męska progenitura ukazana została w rodzinnym tableau rozciągniętym na całą ścianę wschodnią, na wprost wejścia do kaplicy. Kompozycja i treść tej wieloczłonowej sceny są arcydziełem zwartego i jasnego przekazu wyrażającego idealną wizję rodziny z dominującą rolą najstarszego syna – wizję odpowiadającą niewątpliwie woli ojca, który żył jeszcze w momencie wykuwania tych płaskorzeźb. Trudno sobie wyobrazić, by taka treść propagandowej sceny satysfakcjonowała młodszych braci. Szczególnie najmłodsi synowie, noszący obydwaj takie samo imię Mereri, poczuli się najwyraźniej oszukani przez los i „poprawili" niektóre detale dekoracji, zapewne już po śmierci ojca. Na ścianie wschodniej wymłotkowali wizerunek i inskrypcję jednego ze starszych synów, wpisując tam swoje własne imię.

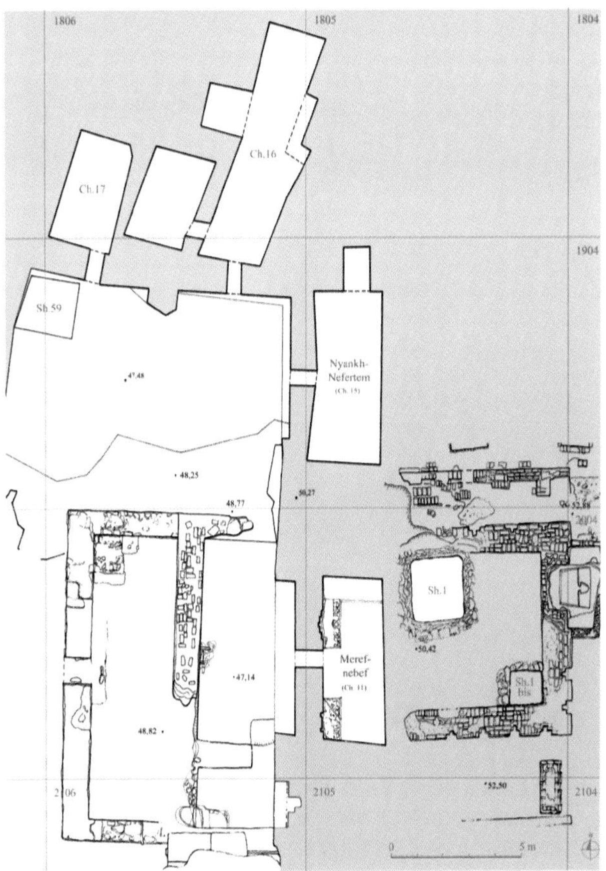


*Plan grobów Merefnebefa i Ni-anch-Nefertuma.*
*Plan of tombs of Merefnebef and Ny-ankh-Nefertum.*

progenitors are depicted in the family tableau spanning over the whole eastern wall, opposite the entrance to the chapel. The lay-out and the contents of this scene composed of eight parallel segments is a masterpiece conveying a concise and clear message which expressed an ideal vision of a family with a dominant role of the eldest son – a vision definitely corresponding with the will of the father, who was still alive when this decoration was carved. It is hard to imagine that the younger brothers could accept such contents of the propaganda scene with satisfaction. The two youngest sons, both bearing the same name of Mereri, doubtless felt particularly disappointed and they 'corrected' certain details, most probably after their father had passed away. They chiselled out the image and inscription of one of the older sons on the eastern wall, and replaced them with their own name.

*Wnętrze kaplicy kultowej Ni-anch-Nefertuma w momencie odkrycia. Widok na zawaloną ścianę północną.*
*Interior of the cult chapel of Ny-ankh-Nefertum at the moment of discovery. View of the collapsed northern wall.*

Podobne przeróbki, pospieszne i niestaranne, dostrzegamy też na dwu innych ścianach kaplicy. Najwyraźniej wyidealizowany obraz rodziny stworzony przez właściciela grobu jeszcze za życia, legł w gruzach tuż po jego śmierci. Wydaje się, że i w tym wypadku konflikt między synami mógł mieć aspekty polityczne, ponieważ jeden z wtórnych napisów określa syna o imieniu Mereri epitetem, jaki w czasach nieco wcześniejszych przysługiwał zasadniczo dzieciom królewskim, a w okresie powstawania grobowca był już właściwie anachronizmem[11]. Powiedzielibyśmy, że w rozgrywkach politycznych nic się od tamtych czasów nie zmieniło.

*To samo miejsce po eksploracji archeologicznej.*
*The same place after archaeological exploration.*

Similar alterations, made in a hurried and neglectful manner, can also be seen on two other walls of the chapel. It seems that the idealized image of the family, created by the tomb owner during his life, collapsed immediately after his death. It appears that also in this case the conflict could have had political aspects as one of the secondary inscriptions describes the son called Mereri with an old-fashioned epithet which in earlier times had been applied to royal children, and during the construction of the tomb it was already an anachronism[11]. One might suggest that nothing has changed in political games since then.

*Fragmenty szkiców dekoracji na południowej ścianie w kaplicy kultowej Ni-anch-Nefertuma, z lewej: głowa ptasznika; obok: gęsi w klatce.*
*Fragments of relief outlines drawn on the southern wall of the cult chapel of Ny-ankh-Nefertum, left: head of a fowler; right: geese in a cage.*

Dekoracja grobowca Ni-anch-Nefertuma jest też wyjątkowo ciekawa dla historyka sztuki egipskiej. Właściciel mastaby zmarł bowiem zanim rzeźbiarze i malarze ukończyli pracę. Cała południowa część kaplicy grobowej ilustruje różne etapy opracowania płaskorzeźb, od szkiców wykonanych pędzelkiem przez autora kompozycji, poprzez usuwanie warstwy kamienia między elementami modelowanymi w reliefie wypukłym, do gładzenia kantów w konturze figur i hieroglifów, tak by malarz mógł nanieść polichromię. W tym momencie praca została jednak przerwana, płaskorzeźba pozostała bez kolorów. Stała się dzięki temu bezcennym źródłem do poznania warsztatu rzeźbiarza ze schyłkowej fazy Starego Państwa[12].

The decoration of the tomb of Ny-ankh-Nefertum is also exceptionally interesting for the historian of Egyptian art. The owner of the mastaba had obviously died before the sculptors and painters finished their work. The whole southern part of the chapel illustrates different stages of sculpting reliefs, from outlines made with a thin brush by the author of the composition, through the removal of the stone layer between the elements sculpted in raised relief, to the smoothing of the edges of the figures and hieroglyphs so that the painter could cover them with polychromy. However, at that very moment the work was interrupted and the relief remained unpainted. Thanks to that, it became an invaluable source of information on the work of sculptors at the final stage of the Old Kingdom[12].

Wokół grobowców Merfnebefa i Ni-anch-Nefertuma, niewątpliwie najstarszych na omawianej nekropoli, rozrosło się w czasach VI dynastii ogromne cmentarzysko, które funkcjonowało aż do tzw. Pierwszego Okresu Przejściowego[13]. Jest ono pierwszorzędnym świadectwem ewolucji zwyczajów grzebalnych, a także wzlotów i upadków państwa egipskiego w schyłkowej fazie Starego Państwa. O ile w początkach tego okresu dominują groby indywidualne, przeznaczone dla dostojników wyższej rangi, z upływem czasu coraz bardziej popularne stają się grobowce zbiorowe, zawierające pochówki kilku, kilkunastu, a nawet kilkudziesięciu osób. Stopniowe ubożenie społeczeństwa znajduje też swój wyraz w ponownym, nieraz wielokrotnym użyciu grobów wcześniejszych. Mastaby te odkrywaliśmy w kolejnych kampaniach wykopalisk, które od roku 1996 odbywają się rokrocznie.

The area around the tombs of Merefnebef and Ny-ankh-Nefertum, undoubtedly the oldest ones in the necropolis, became a huge cemetery developed in the times of the Sixth Dynasty, and it functioned until the so-called First Intermediate Period[13]. It provides invaluable evidence for the evolution of funerary practices, as well as the highs and lows of the Egyptian state in the final phase of the Old Kingdom. The beginning of that period is mainly represented by individual tombs owned by the highest-ranking officials, yet over time, group tombs containing between a few and several dozen burials gained popularity. Gradual decrease in the material status of the society is also reflected in the re-use of mastabas. Those mastabas were discovered in the course of the subsequent excavation campaigns, which have taken place every year since 1996.

*Obszar polskich wykopalisk po zachodniej stronie piramidy Dżesera.*
*Area of Polish excavations on the western side of the pyramid of Djoser.*

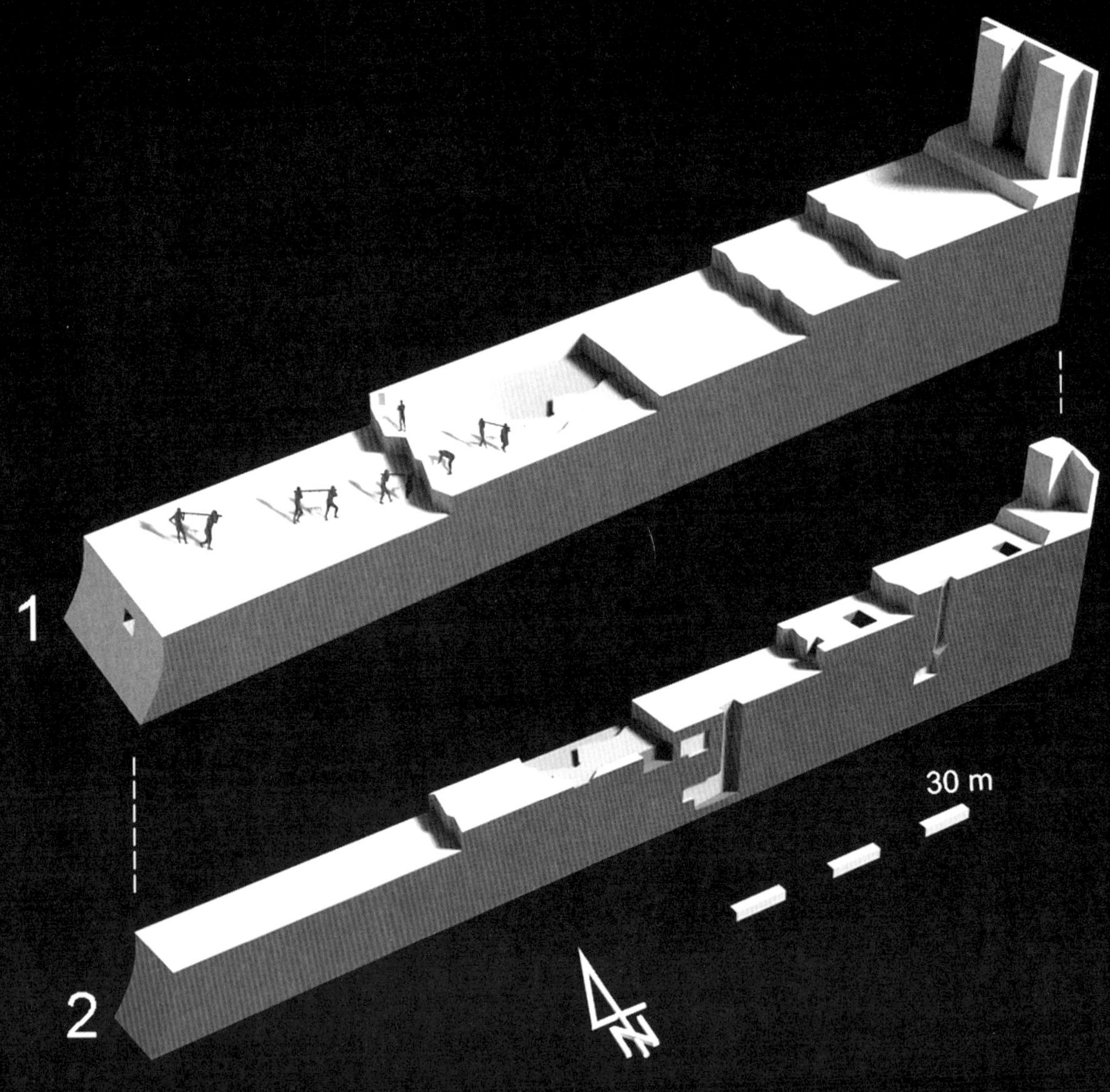


*Tarasy kamieniołomu po eksploracji w czasach budowy piramidy Dżesera.*
*Terraces of the quarry after exploitation in the times of construction of the pyramid of Djoser.*

Wykute w skale szyby i komory grobowe, czyli podziemna część mastab, są nam znane lepiej niż ich konstrukcje naziemne, wzniesione z glinianej cegły suszonej i bardziej podatne na zniszczenie. Gęstwina szybów to cała podziemna kraina o zróżnicowanej strukturze i wyposażeniu. Wszystkie mają nieregularne kształty, dostosowane do faktury kolejnych warstw bardzo kruchej skały, dopasowane do przestrzeni pozostałej pomiędzy wcześniejszymi konstrukcjami podobnego typu. Niektóre mają głębokość kilkunastu metrów, inne zaledwie kilku. W uboższych pochówkach zamiast komory grobowej wykuwano tylko niszę o gabarytach wystarczających na pomieszczenie ciała, już to w trumnie, już to bezpośrednio na posadzce. Konstrukcje grobowe ilustrują ogromne zróżnicowanie społeczeństwa egipskiego w okresie postępującego upadku władzy centralnej.

Burial shafts and chambers carved in rock, i.e. the subterranean part of the mastabas, are better known than their ground structures, built of mud brick and thus more susceptible to destruction. The array of shafts forms a whole subterranean world of varied structure and outfit. All of them show irregular shapes, adapted to the texture of the following layers of the friable rock, and fitted into the space left between earlier constructions of a similar type. Some of them are over 10 metres deep, others only a few. The less elaborate structures had no burial chamber but a niche carved to fit the size of the body – placed either in coffin, or directly on the floor. Tomb structures illustrate a huge gap between classes of the Egyptian society during the period when central power gradually declined.

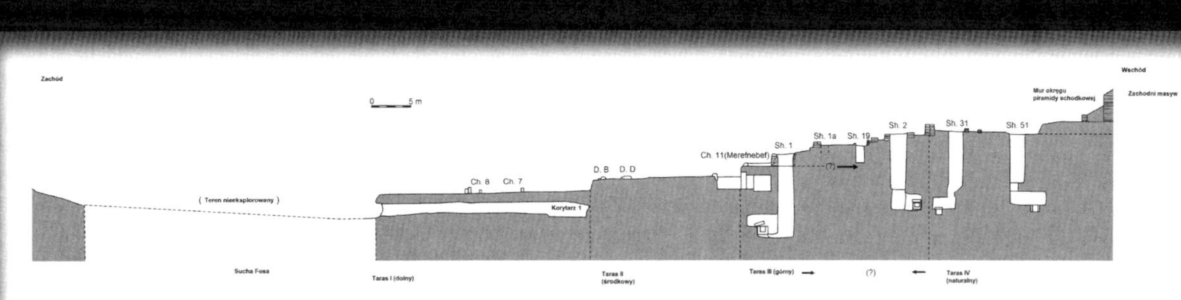


*Przekrój W-Z przez teren wykopalisk: od piramidy Dżesera po stronie wschodniej do „Suchej Fosy" po stronie zachodniej.*
*Section of the excavation area along the east-west axis: from the pyramid of Djoser on the eastern side to the 'Dry Moat' on the western side.*

Do najciekawszych i oryginalnych cech omawianej nekropoli należy popularność trumien wykonanych z trzciny nilowej[14]. Na żadnym innym cmentarzysku egipskim z okresu Starego Państwa archeolodzy nie stwierdzili podobnego zjawiska. Niemal co trzeci osobnik pochowany w Sakkarze po zachodniej stronie piramidy Dżesera spoczął w prostopadłościennej skrzyni uplecionej z różnych gatunków sitowia, wstawionej do komory lub niszy grobowej. Mogłoby się

The popularity of reed coffins is one of the most intriguing and unique features of the necropolis[14]. Archaeologists have not detected such a phenomenon at any other Old Kingdom cemetery. Nearly every third person buried in Saqqara on the west of the pyramid of Djoser was laid in a cuboid basket woven of different species of bulrush, which was then placed in a burial chamber or niche.

*Pochówki z okresu Starego Państwa w trumnach trzcinowych.*
*Old Kingdom burials in reed coffins.*

*Pochówek z okresu ptolemejskiego na dziedzińcu grobu Merefnebefa: spowita kartonażem mumia w trumnie glinianej.*
*Burial from the Ptolemaic Period in the courtyard of the tomb of Merefnebef: mummy in cartonnage, deposited in a clay coffin.*

wydawać, że zwyczaj ten wynikał z ubóstwa klasy średniej w tych burzliwych czasach. Dlaczego jednak nie rozpowszechnił się na innych cmentarzyskach tego okresu? Odpowiedzi należy zapewne szukać w niezwykłej budowli, której szczątki odkryliśmy pośrodku omawianej nekropoli. Dobrze zachowała się tylko jej część pod-

It would seem that such a procedure resulted from comparative poverty of the middle class in those turbulent times. Why didn't it spread to other cemeteries of that period? The answer should most probably be looked for in a unique structure whose relics were discovered in the middle part of the necropolis. Its

ziemna. Długi korytarz wykuty w skale na osi wschód-zachód na wprost piramidy Dżesera prowadzi do niezwykłej krypty, która nie zawiera żadnego szybu grobowego, musiała więc mieć charakter czysto rytualny. Na powierzchni zasypiska, tuż pod sufitem tego pomieszczenia złożone były ciała dzikich zwierząt, z których zachowały się tylko szkielety, od poroża antylopy po żebra olbrzymich sumów. Kilkadziesiąt centymetrów głębiej przy ścianie krypty leżał największy harpun, jaki kiedykolwiek odkryto w Egipcie[15]. Złożono go w cylindrycznym drewnianym etui długości około 2,80 m. Ciężar tego przedmiotu wskazywał, że nie była to broń użyta kiedykolwiek w polowaniu na hipopotamy, jak to widzimy często w płaskorzeźbach na ścianach świątyń i grobowców, lecz rodzaj relikwii przypominającej mitologiczną funkcję harpuna. Była to charakterystyczna broń boga Horusa, a także faraona walczącego z zoomorficznym wrogiem, uosobieniem boga Seta, którego uważano za śmiertelnego wroga Ozyrysa, boga zmarłych. Jeśli rytualny harpun, ozdobiony

underground part is the only one preserved to our day. a long corridor carved in rock along the east-west axis towards the pyramid of Djoser ends with a room which does not contain any burial shaft. It seems evident, therefore, that its function was solely ritual. Bodies of wild animals were placed on the surface of the fill, just below the ceiling of the chamber. Their skeletons were their only preserved parts –from antelope horns to ribs of giant catfish. a few dozen centimetres deeper, next to the room's south wall, the largest harpoon ever discovered in Egypt was deposited[15]. It was placed in a wooden cylindrical case of approx. 2.80 m of length. The weight of the object indicated that the weapon had never been used to hunt hippopotamuses, an activity often depicted in reliefs decorating the walls of temples and tombs, but it served as a kind of relic reflecting the mythological function of a harpoon. It was the weapon wielded by god Horus, as well as by the pharaoh fighting with a zoomorphous adversary, personification of god Seth, who was regarded as a deadly enemy of Osiris, the god of the dead. If the ritual harpoon, decorated with a relief depicting

płaskorzeźbą wyobrażającą węża w pozycji gotowości do ataku, z zachowaną szczątkowo polichromią, można uważać za symbol Horusa, dzikie zwierzęta w depozycie złożonym nad harpunem należy utożsamiać z jego adwersarzem Setem, mordercą Ozyrysa[16]. W mitologii egipskiej szczątki tego ostatniego zostały pozbierane przez boginię Izydę do koszyka, który umożliwił rezurekcję zmarłego. Tak więc wiklinowy kosz stał się trumną boga umarłych, a jednocześnie symbolem odrodzenia. Jeśli więc sanktuarium, z którego zachowała się tylko podziemna krypta, dedykowane było Ozyrysowi, symboliką wiklinowego kosza była niewątpliwie przesycona wyobraźnia tych mieszkańców Memfis, którzy chowali swoich zmarłych w pobliżu owego świętego miejsca. Znacznie rzadziej niż plecione skrzynie spotykamy na tej nekropoli trumny drewniane i sarkofagi kamienne. Te ostatnie zachowały się tylko w kilku największych grobowcach. Wszystkie były nieukończone, a przy jednym z nich znaleziono instrumenty pozwalające zrekonstruować proces spuszczania kamiennej bryły na dno szybu i umieszczania jej w komorze grobowej, gdzie podlegała dalszej obróbce przez kamieniarzy[17].

a snake poised to strike, with remains of polychromy, could be understood as a symbol of Horus, then the wild animals in the animal deposit overlying the harpoon could be associated with his enemy, the murderer of Osiris[16]. According to Egyptian mythology, the slaughtered members of the latter were collected by goddess Isis in a basket which made the resurrection of the deceased possible. Thus a wicker basket became a coffin for the god of the dead, and a symbol of revival at the same time.

If the sanctuary, whose only preserved part is the subterranean crypt, was dedicated to Osiris, the symbolism of the wicker basket must have inspired the imagination of those inhabitants of Memphis who buried their dead near the oldest pyramid. Wooden coffins and stone sarcophagi are much less frequent than the woven baskets at this necropolis. The sarcophagi were only preserved in a few largest tombs. All were unfinished, and near one of them we found certain tools which helped to reconstruct the process of lowering the rock chunk onto the bottom of the shaft and placing it in the burial chamber, where it was further carved by stoneworkers[17].

*Rytualny harpun* in situ.
*The ritual harpoon upon discovery.*

Zagadką pozostają do chwili obecnej konstrukcje odkryte przez polską misję po zewnętrznej stronie muru ryzalitowego obiegającego piramidę Dżesera[18]. Oczom archeologów ukazała się tu rozległa platforma ceglana przykrywająca grobowce dostojników z okresu Starego Państwa. Jej północną granicę wyznacza niewysoki mur biegnący niemal dokładnie na przedłużeniu osi piramidy. Zważywszy, że platforma przylegała tu do muru ryzalitowego, należy wnioskować, że odegrała ważną rolę, raczej ochronną niż rytualną, jako że na powierzchni tej konstrukcji, złożonej z jednej tylko warstwy cegieł suszonych, nie znaleziono żadnych śladów użytkowania. Kiedy i dla kogo ją zbudowano?

Pytania trudne, ponieważ brak inskrypcji czy jakichkolwiek przedmiotów użytkowych na jej powierzchni skazuje badaczy na „proces poszlakowy". Pomocne okazały się fragmenty ceramiki znalezione w cegłach i między nimi. Najpóźniejsze z glinianych skorup noszą ślady malowanej dekoracji charakterystycznej dla okresu zamykającego się panowaniem pierwszych władców o imieniu Ramzes, czyli dynastii Ramessydów. Był to szczególny okres w historii Sakkary.

The structures discovered by the Polish mission outside the recessed girdle wall encircling the pyramid of Djoser still remain a mystery[18]. The archaeologists unearthed an extensive mud brick platform overlying tombs of the Old Kingdom. Its northern border is marked by a relatively low wall which almost exactly continues the line of the pyramid axis. Taking into consideration that the platform was adjacent to the recessed wall, it should be concluded that it played an important role, rather protective than ritual, since no traces of any use were detected on the surface of the structure consisting of only one layer of mud brick. When and for whom was it built?

It is a difficult question, as the absence of inscriptions or any objects on its surface implies that scholars must rely on 'circumstantial evidence'. Fragments of pottery found in and among the bricks proved to be useful for the analysis. The most recent pottery shards bear remains of painted 'blue' decoration characteristic for the period finishing with the rule of the first kings called Ramesses, i.e. the Nineteenth Dynasty. It was a remarkable time in the history of Saqqara.

*Frontalna ściana „ślepego grobu" (poziom dolny) i północny brzeg platformy ceglanej (poziom górny) na osi W-Z piramidy Dżesera (widocznej w głębi). Widok od zachodu.*
*Front wall of the 'false tomb' (lower level) and the northern edge of the brick platform (upper level), both on the east-west axis of Djoser's pyramid (in the background). View from the west.*

*Między piramidą Dżesera a „Suchą Fosą" po kampanii wykopaliskowej w 2010 r.*
*Area between the pyramid of Djoser and the 'Dry Moat' after the excavation campaign in 2010.*

Jako najwyższy kapłan memfickiego boga Ptaha działał tu wówczas jeden z najstarszych synów Ramzesa II, noszący imię Chaemuaset. Bardziej niż czynnościami rytualnymi, zasłynął on swoją działalnością konserwatorską. Zafascynowany piramidami królewskimi sprzed półtora tysiąca lat, książę-esteta odrestaurował szereg prastarych budowli sakralnych i sepulkralnych, co upamiętnił zachowanymi do dziś inskrypcjami. Z dużą dozą prawdopodobieństwa można mu przypisać również tajemniczą platformę przykrywającą nekropolę dostojników. Ale czyj grób byłby obiektem tej szczególnej troski?

Jakkolwiek część obiektów położonych pod platformą została przez naszą misję odsłonięta w miejscu dostępnym wskutek zniszczenia zachodniej części tej konstrukcji, zamiast odpowiedzi na postawione pytania pojawiły się nowe zagadki. Poniżej północnego brzegu platformy odkryliśmy pionową ścianę wykutą w skale, a w niej wejście do grobowca, którego forma przypominała groby królewskie z czasów II dynastii, a więc z okresu poprzedzającego budowę pierwszej piramidy[19]. Niestety, zaledwie kilka metrów za wiele obiecującym wejściem po-

One of the oldest sons of Ramesses II, Khaemwaset, who served as the high priest of Mephite god Ptah, was active in the area. He is known better for his efforts in the field of monument conservation than religious services. Fascinated by the royal pyramids erected fifteen centuries earlier, the prince-aesthete commissioned renovation of a number of ancient sacral and sepulchral buildings, which was commemorated with inscriptions surviving to this day. The mysterious platform covering the necropolis of high officials from much earlier times could be attributed to him with a high degree of probability. Still there is the question: whose grave was the object of such particular concerns?

Even though some funerary structures located under the platform were unearthed by our mission in the place which had become accessible as a result of destruction of the platform's western part, new questions emerged instead of answers. a vertical wall carved in rock was discovered below the northern edge of the platform, and in that wall we found the entrance to a tomb. Its shape resembled royal tombs from the times of the Second Dynasty, a period which preceded the construction of the first pyramid[19]. Unfortunately, only a few metres

*Badanie terenu wykopalisk przy pomocy georadaru.*
*Examination of the area with a ground-penetrating radar.*

sadzka pomieszczenia zbiega się z ukośnym sufitem, zamykając w ten sposób „ślepy grobowiec". Dlaczego zaprzestano kontynuacji prac? Na pewno nie z powodu złego gatunku skały, co w tej części Sakkary byłoby zrozumiałe. Właśnie w tym miejscu lokalny wapień jest wyjątkowo lity, niepodatny na kruszenie się ścian. Można przypuszczać, że konstrukcja była od początku pomyślana jako pułapka na potencjalnych rabusiów, których łatwo było zwieść monumentalną fasadą nieistniejącego grobu. Jeśli tak było, można przypuszczać, że wejście do ważnej konstrukcji podziemnej, którą w późniejszych czasach osłonięto ceglaną platformą, znajduje się gdzie indziej, na pewno dalej w kierunku południowym. Badania przeprowadzone przez misję w roku 2012 przy użyciu georadaru wykazały, że platforma rozciąga się w tym kierunku aż do końca muru ryzalitowego „piramidy schodkowej", a więc na długości ponad 100 metrów. Czyj grobowiec bądź grobowce zostały w ten sposób zabezpieczone w czasach późniejszych? Odpowiedź na to pytanie należy do najważniejszych zadań polskiej misji w przyszłych kampaniach wykopaliskowych.

away from the entrance which looks so promising, the floor meets the slanted ceiling, thus closing the 'false tomb'. Why was the work abandoned? It was definitely not for the reason of poor quality of the rock, which would be comprehensible in this part of Saqqara. The local limestone is exceptionally solid in this very spot, and the walls would not crush easily. It could be supposed that the structure was designed as a trap for potential looters, who would be easily misled by the monumental façade of the non-existent tomb. If this was the case, it can be suggested that the entrance to an important underground structure, which was later covered with a brick platform, must be located elsewhere, certainly farther south. Examination with a ground-penetrating radar performed by the mission in 2012 showed that the platform extends in that direction as far as to the end of the recessed wall of the step-pyramid, i.e. covers the length of more than 100 metres. Whose tomb, or tombs were secured in such a manner in later ages? The answer to that question is one of the most important tasks faced by the Polish mission in the future excavation campaigns.

*Pochówek z okresu ptolemejskiego z wyposażeniem grobowym in situ: skrzynka kanopska i figurka Ptaha-Sokarisa-Ozyrysa.*
*Intact burial from the Ptolemaic Period: Canopic chest and figurine of Ptah-Sokar-Osiris.*

Bezpośrednio nad Nekropolą Dolną, tj. nad warstwą archeologiczną odpowiadającą schyłkowi Starego Państwa, tuż pod powierzchnią piasku nawianego w ciągu tysiącleci od strony pustyni, położona jest warstwa Nekropoli Górnej, zawierająca setki pochówków z okresu ptolemejskiego, czyli późniejszych o dwa tysiące lat. Nasuwa się pytanie, dlaczego na tak długo zaniechano chowania zmarłych w świętym i ważnym miejscu, jakim było bezpośrednie sąsiedztwo piramidy Dżesera. Czy zmiany klimatyczne, które intensyfikowały spływ wody po skalnych tarasach niegdysiejszego kamieniołomu i jej penetrację do szybów grobowych, mogły stać się wystarczającą przyczyną na wiele wieków? Jaki by nie był powód tego zaniechania, równie zagadkowy jest nagły „renesans" nekropoli po dwu tysiącleciach. W warstwie piasku, a niekiedy w ruinach prastarych mastab zaczęto składać zwłoki, które, w odróżnieniu od ciał dostojników z okresu Starego Państwa, były niemal zawsze mumifikowane, a następnie spowijane często gipsowym kartonażem, którego powierzchnię pokrywała bogata dekoracja malowana o treści religijnej.

Directly over the Lower Necropolis, i.e. over the archaeological layer corresponding with the final phase of the Old Kingdom, just below the stratum of the sand brought by the winds from the desert, there is the layer of the Upper Necropolis, comprising hundreds of burials from the Ptolemaic Period, i.e. two millennia younger. a question emerges: why was the necropolis abandoned for so long in such a sacred and significant place as the immediate vicinity of the pyramid of Djoser? Perhaps climatic changes, which intensified the flow of waters over the rock terraces of the former quarry, could have been a sufficient reason for many centuries. Whatever the reason for this break, the sudden 'renaissance' of the necropolis after two millennia is equally perplexing. People began to bury their dead in the layer of sand or sometimes in the ruins of ancient mastabas. The dead, unlike the corpses of the high officials from the Old Kingdom period, were almost always mummified, and then often wrapped in a plaster cartonnage, whose surface was covered with rich painted decoration showing religious motifs.

SAQQARA
SECTOR
BURIALS

*Nekropola Górna (Okres Ptolemejski): sąsiednia strona - para drewnianych trumien; powyżej - „warsztat" starożytnych rabusiów; mumia z rozszarpanym torsem na stosie bloków kamiennych.*
*Upper Necropolis (Ptolemaic Period): previous page - a pair of wooden coffins; above - a 'workshop' of ancient robbers; a mummy lying on a heap of stone blocks, with torso torn up by looters.*

Do chwili obecnej odkryliśmy ok. 600 pochówków tego typu[20]. Najstarsze z nich, pochodzące z przełomu VI/III wieku p.n.e., znalezione zostały w pobliżu piramidy Dżesera, co nie dziwi, jako że kult tego władcy był bardzo popularny w Egipcie ptolemejskim.

Approximately 600 burials of this type have been discovered so far[20]. The oldest, dated to the end of the 4th century or the beginning of the 3rd century BC, were found near the pyramid of Djoser, which is not surprising since the cult of that king was very popular in Ptolemaic Egypt.

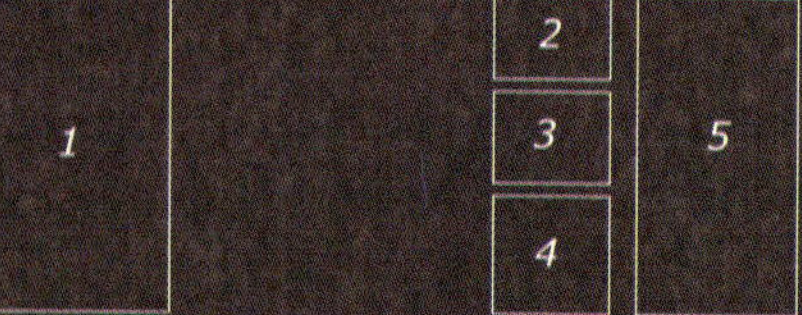


1. Mumia w kartonażu (wczesny Okres Ptolemejski) „siedząca" na brzegu grobowca wcześniejszego o dwa tysiąclecia.
   Mummy in cartonnage (early Ptolemaic Period) 'seated' on the edge of a tomb two thousand years older.

2. Kartonażowy epolet mumii.
   Cartonnage epaulette of the mummy in situ.

3. Skrzynka na stopy mumii i fragment kartonażu.
   Chest for the feet of the mummy and fragment of the cartonnage.

4. Sandały widziane od spodu: malowidło na kartonażu mumii.
   Sandals seen from below: painting on the cartonnage.

5. Fragment kartonażu mumii: segment dekorujący nogi.
   Fragment of the cartonnage: segment decorating the legs.

*Wschodnia ściana „Suchej Fosy". Eksploracja korytarza prowadzącego do podziemnej krypty.*
*Eastern wall of the 'Dry Moat'. Exploration of the corridor leading to the subterranean crypt.*

Nekropola Górna rozciąga się w kierunku północnym, tj. ku słynnemu Serapeum, które przez stulecia było miejscem pochówku świętych byków Apisów. Z okresu ptolemejskiego zachowała się tu do naszych czasów niezwykła budowla nazwana przez archeologów „exedrą ptolemejską". Na półokrągłym podium ustawiono kilkanaście posągów przedstawiających wielkich poetów i filozofów greckich, wykonanych z lokalnego sakkareńskiego wapienia. Odkryty w połowie 19. wieku przez archeologów francuskich, zabytek ten jest do dziś obiektem kontrowersji naukowej. Najbardziej prawdopodobna wydaje się interpretacja tego zespołu rzeźb, wykonanych niewątpliwie przez artystę greckiego, jako pomnika grobowego upamiętniającego pierwszy, prowizoryczny pochówek Aleksandra Wielkiego. Mumia wielkiego Macedończyka, czczonego przez Egipcjan jako króla i boga, a przede wszystkim wyzwoliciela spod jarzma perskiego, mogła tu spocząć, najprawdopodobniej w którymś z grobowców Starego Państwa, dopóty, dopóki nie zbudowano w Aleksandrii monumentalnego mauzoleum dla założyciela tej metropolii[21]. Jeśli tak istotnie było, zrozumiałe staje się „odrodzenie" opuszczonej przez stulecia nekropoli wokół świętego miejsca, jakim niewątpliwie stał się prowizoryczny grób Aleksandra.

The Upper Necropolis spreads in the northern direction, i.e. towards the famous Serapeum, which was the burial place of sacred Apis bulls for centuries. An exceptional edifice , the 'Ptolemaic exedra' as it is nicknamed by archaeologists, survived near the Serapeum from the Ptolemaic Period to this day. Its semi-circular plinth was the podium for several statues representing famous Greek poets and philosophers, all carved from the local Saqqaran limestone. The monument, discovered in the mid-19th century by French archaeologists, is still an object of scientific controversy. The most likely interpretation of this group of statues, definitely carved by a Greek artist, seems to indicate its function as a tomb monument commemorating the first, temporary burial of Alexander the Great. The mummy of the great Macedonian, who was worshipped by Egyptians as a king and god, and above all, liberator from the Persian yoke, could have been buried there, most probably in one of the tombs from the Old Kingdom, until a monumental mausoleum had been built in Alexandria for the founder of that metropolis[21]. If indeed it was so, the sudden 'rebirth' of the necropolis abandoned for centuries due to the vicinity of the holy place, i.e. the temporary tomb of Alexander, becomes clear.

Cmentarzysko z okresu ptolemejskiego to nie tylko bogaty materiał archeologiczny rzucający nowe światło na zwyczaje grzebalne kosmopolitycznej społeczności ówczesnego Memfis, lecz także cenne źródło dla badań antropologicznych nad kondycją fizyczną społeczeństwa egipskiego. Ten reprezentatywny zespół zabalsamowanych ciał stał się już obiektem wielu studiów naukowych, a także podstawą do wypracowania nowych metod badawczych. Ważnym uzupełnieniem tych prac stały się badania paleozoologiczne i paleobotaniczne.

Niezwykle ważny aspekt działalności polskiej misji archeologicznej w Sakkarze związany jest z zastosowaniem najnowszych metod badawczych geologii i geofizyki, m. in. georadaru. Pozwoliły one stwierdzić, że teren rozciągający się ku zachodowi między *temenosem* piramidy Dżesera a tzw. „Suchą Fosą" był w czasach budowy tej piramidy jednym wielkim kamieniołomem opadającym tarasami w kierunku pustyni[22]. Podobna była niewątpliwie także funkcja samej „fosy", jak nazywamy dziś w żargonie archeologicznym szerokie

The cemetery form the Ptolemaic Period is not only a rich archaeological material which sheds new light on the funerary practices of the cosmopolitan society of Memphis, but also an invaluable source for anthropological research into the physical condition of the Egyptian society. That representative assemblage of mummified bodies has already been a subject of diverse scientific research, as well as the basis for creation of new research methods. Paleozoological and paleobotanical analyses constitute an important contribution to these studies.

The application of the most modern methods from the field of geology and geophysics, such as ground-penetrating radar, is an extremely important aspect of the work performed by the Polish archaeological mission in Saqqara. These methods helped to learn that the area spanning between the *temenos* of the pyramid of Djoser and the so-called 'Dry Moat' was a huge stone quarry at the time of construction of the pyramid, with its terraces descending towards the desert[22]. a similar function was doubtless fulfilled also by the 'moat' itself, as archaeologists tend to call the depression carved in the rock, approx. 40 m

*Rośliny palone na stosie ofiarnym w okresie letnim (na poprzedniej stronie) i zimowym.*
*Plants burned as offering in summer (previous page) and winter.*

na około 40 m i sięgające głębokości nawet 20 m, wykute w skale zagłębienie. Właśnie na tym obiekcie skupiły się badania naszej misji od roku 2012. We wschodniej i zachodniej ścianie tego monumentalnego rowu, wypełnionego dziś piaskiem, odkryliśmy „górne piętro" wykutych w skale pomieszczeń o przeznaczeniu sepulkralnym. Niektóre z nich to grobowce zbiorowe ze schyłkowej fazy Starego Państwa, posiadające kilka, kilkanaście, a nawet kilkadziesiąt szybów grobowych, wśród których na szczególną uwagę zasługują indywidualne pochówki dzieci[23].

wide and up to 20 m deep. The studies carried out by our mission have focussed on its western portion since 2012. An 'upper floor' of chambers carved in rock for sepulchral purposes was discovered in both the eastern and western walls of that monumental depression, still filled with sand. Some of them are group tombs from the end of the Old Kingdom, with a few, or a dozen, or even several dozen burial shafts, among which child burials deserve special attention[23].

*Wykopaliska przy zachodniej ścianie „Suchej Fosy".*
*Excavations next to the western wall of the 'Dry Moat'.*

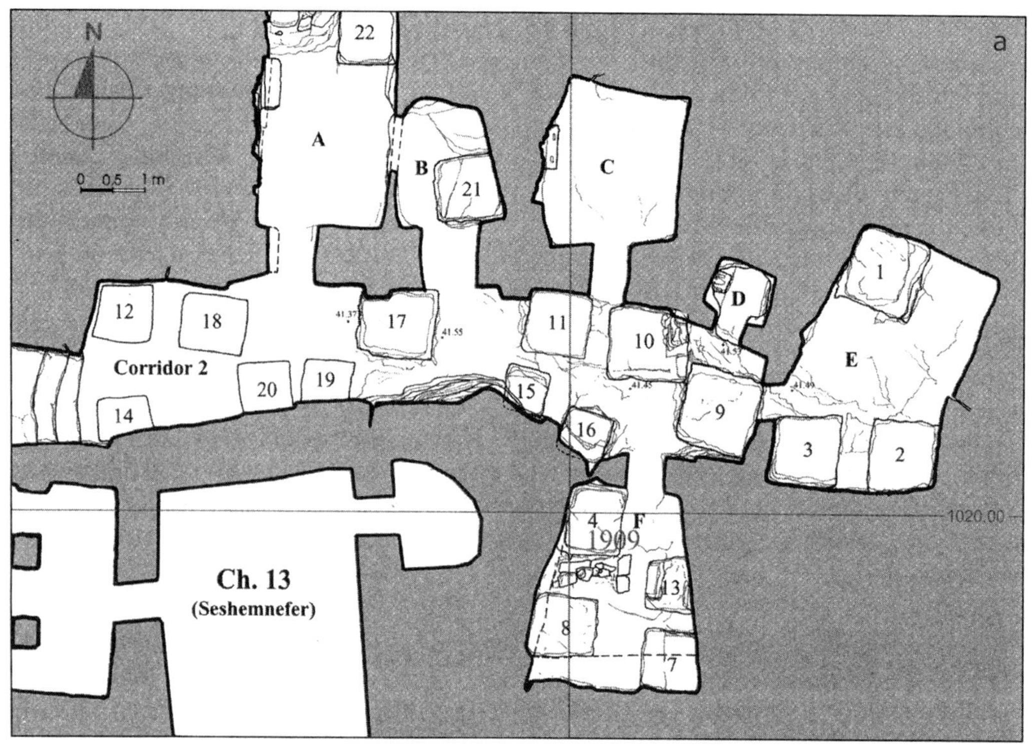
a
N
0 0,5 1 m
A
B
C
D
E
F
22
21
1
12
18
17
11
10
Corridor 2
20
19
15
9
14
16
3
2
4
1909
13
8
7
41.37
41.55
1020.00
Ch. 13
(Seshemnefer)

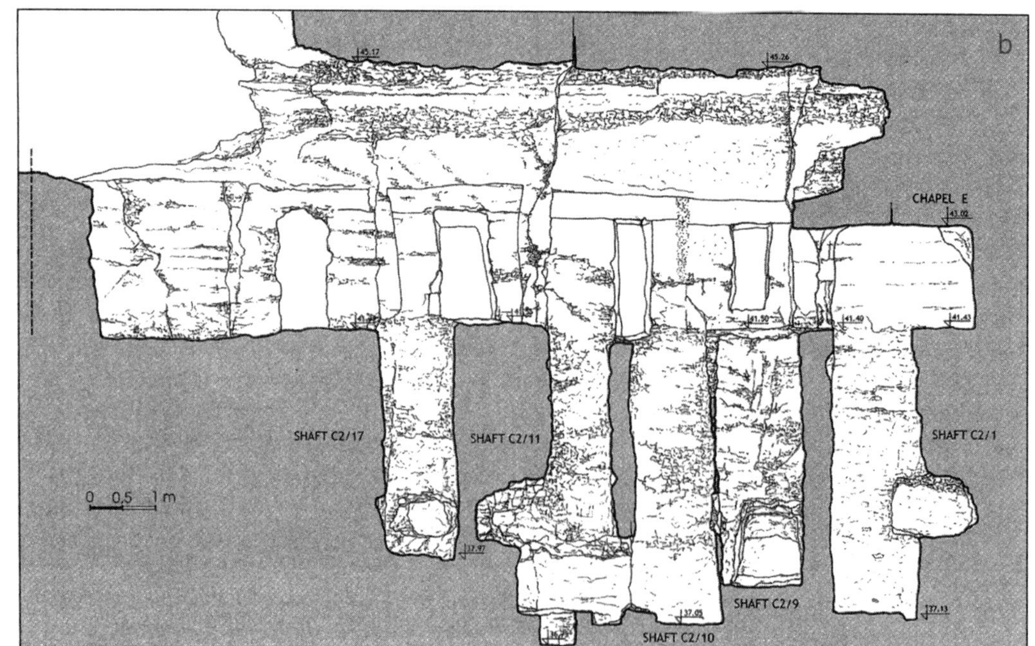
b
45.17
45.26
CHAPEL E
43.02
41.50
41.40
41.43
SHAFT C2/17
SHAFT C2/11
SHAFT C2/1
0 0,5 1 m
37.97
SHAFT C2/9
37.13
37.05
SHAFT C2/10

Najbardziej oryginalną strukturą w ścianie wschodniej jest jednak wspomniana już wyżej krypta z depozytem kości dzikich zwierząt i rytualnym harpunem, zapewne podziemna część sanktuarium dedykowanego Ozyrysowi.

Natomiast w ścianie zachodniej odsłonięta została unikalna dwupiętrowa konstrukcja sepulkralna, stanowiąca zaledwie jeden z elementów w dwu amfiladach grobowców położonych jedna nad drugą. Już przed dziesięciu laty odsłoniliśmy tu kaplicę grobową wysokiego dostojnika z czasów panowania Pepi I (VI dynastia), noszącego imiona Ichi i Meri. Był organizatorem wypraw, między innymi do położonych daleko na pustyni kamieniołomów. Jego bogata tytulatura zachowała się na pięknych „ślepych wrotach", które wstawiono w zachodnią ścianę kaplicy grobowej, tuż przy szybie grobowym prowadzącym zapewne do komory z sarkofagiem zawierającym ciało zmarłego[24]. Nie dotarliśmy jednak do tego pochówku, ponieważ na głębokości kilku metrów szyb zablokowany był olbrzymią płytą kamienną.

The crypt mentioned above, containing the deposit of wild animal bones and the ritual harpoon, most likely the subterranean part of a sanctuary dedicated to Osiris, is the most unusual feature in the eastern wall.

On the other hand, a unique two-level sepulchral structure was discovered in the western wall. It constituted only one of the elements located in the two enfilades of tombs, placed one on top of the other. Funerary chapel of a high official from the times of Pepy I (Sixth Dynasty), bearing names of Ikhi and Mery, was uncovered there ten years ago. The tomb owner organized expeditions, i.a. to quarries situated far in the desert. His extensive titulary has been preserved on the beautiful 'false door' which was fitted in the western wall of his funerary chapel, right next to the burial shaft, most probably leading to the chamber which housed the sarcophagus with the body of the deceased[24]. We were not able to reach that burial as the shaft was blocked with an enormous stone slab at a depth of a few metres.

*Plan (a) i przekrój pionowy (b) przez grób zbiorowy wykuty w skale (schyłek Starego Państwa).*
*Plan (a) and vertical section (b) of a common grace hewn in rock (terminal phase of Late Old Kingdom).*

*Wschodnia ściana „Suchej Fosy" - grób zbiorowy ze schyłku Starego Państwa: szyby grobowe przed wejściem do kaplic. Na sąsiedniej stronie: korytarz z kaplicami kultowymi.*
*East wall of the 'Dry Moat' - common grave from the late Old Kingdom: burial shafts in front of the chapels. Next page: corridor with cult chapels.*

Gdy udało się ją wyjąć przy pomocy sprzętu górniczego, okazała się być kolejnymi „ślepymi wrotami". Ślepe były one również w sensie dosłownym: nie nosiły nawet śladów jakiegokolwiek napisu. Dla kogo były wykonane, dlaczego pozostały nieukończone, gdzie miały być ustawione, kto i kiedy wrzucił je do szybu właściciela grobu? Te pytania były zaledwie początkiem długiej sekwencji zagadek, które pojawiły się w trakcie dalszej eksploracji. Rozpoczął się prawdziwy proces poszlakowy, który trwa do dzisiejszego dnia.

Inskrybowane „ślepe wrota" Ichi-Meriego, stojące do dziś *in situ*, czyli przy zachodniej ścianie kaplicy, zawierają też identyczne imię jego syna. Ichi-junior towarzyszył ojcu w dalekich i niebezpiecznych wyprawach[25]. W kaplicy grobowej ojca odkryliśmy też drugi szyb, a na jego brzegu zagłębienie odpowiadające wymiarami zagadkowym anepigraficznym „ślepym wrotom" wydobytym przez nas z szybu głównego. Jest wielce prawdopodobne, że przygotowywano go dla syna, który jednak nigdy nie został tam pochowany.

When it was removed with mining equipment, it turned out to be another 'false door'. It was also 'false' in terms of providing any clues: it was devoid of any trace of inscriptions. Who was the door made for? Why was it left unfinished? Where was it supposed to be installed? Who dropped it to the shaft of the tomb's owner? When did that happen? These questions were merely the beginning of a long sequence of puzzles which emerged in the course of further exploration. a long process of examining circumstantial evidence began, and has been continuing ever since.

The inscribed 'false door' of Ikhi also featured an identical name of his son. Ikhi Junior accompanied his father on dangerous expeditions to distant lands[25]. Another shaft was also discovered in the funerary chapel of the father, and on its edge there was a depression which corresponded, in terms of size, with the mysterious anepigraphic 'false door' recovered from another shaft. It is highly likely that it was prepared for the son, who possibly was never buried there.

*Wydobywanie „ślepych wrót" z wnętrza szybu grobowego generała Ichi-Meriego.*
*Raising of the 'false door' from the burial shaft of general Ikhi-Mery.*

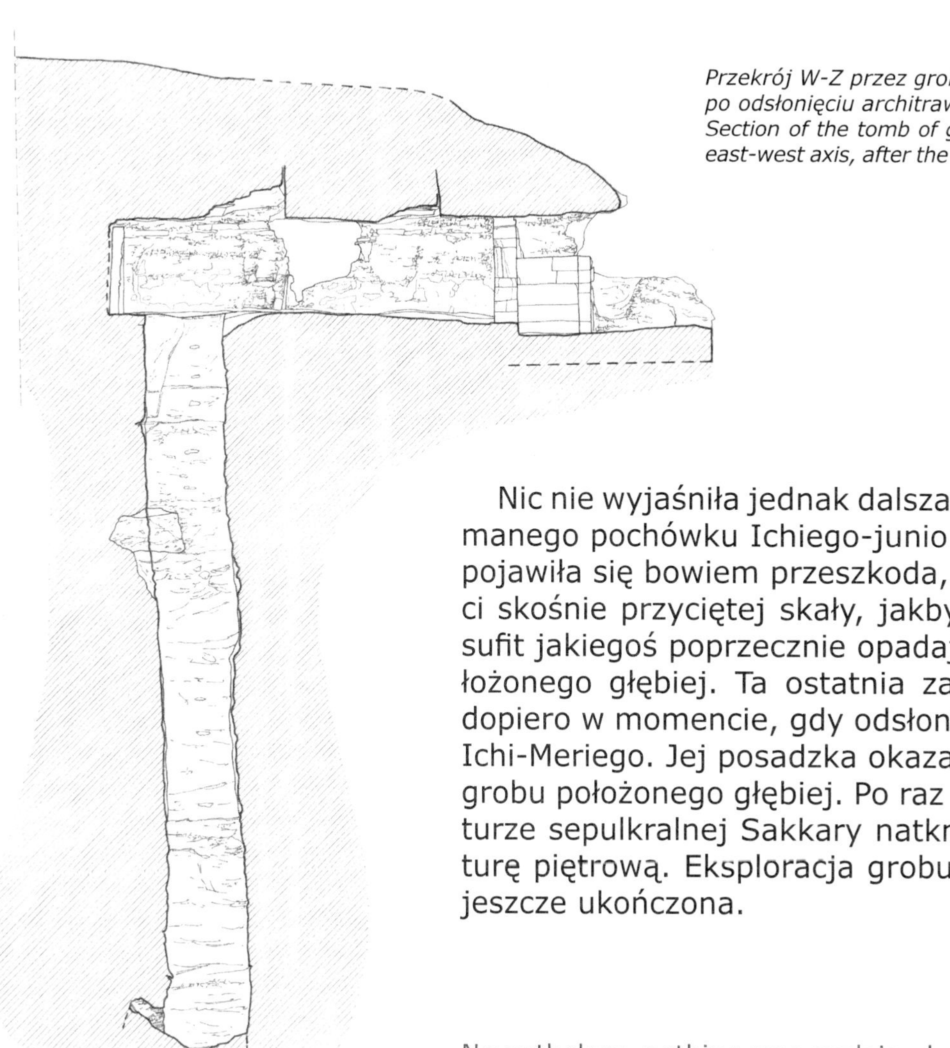



*Przekrój W-Z przez grobowiec generała Ichi-Meriego (VI dynastia) po odsłonięciu architrawu nad wejściem do grobowca dolnego.*
*Section of the tomb of general Ikhi-Mery (Sixth Dynasty) along the east-west axis, after the architrave of the lower tomb was unearthed.*

Nic nie wyjaśniła jednak dalsza eksploracja domniemanego pochówku Ichiego-juniora. I w tym wypadku pojawiła się bowiem przeszkoda, tym razem w postaci skośnie przyciętej skały, jakbyśmy natknęli się na sufit jakiegoś poprzecznie opadającego korytarza położonego głębiej. Ta ostatnia zagadka wyjaśniła się dopiero w momencie, gdy odsłoniliśmy fasadę kaplicy Ichi-Meriego. Jej posadzka okazała się być ... sufitem grobu położonego głębiej. Po raz pierwszy w architekturze sepulkralnej Sakkary natknęliśmy się na strukturę piętrową. Eksploracja grobu dolnego nie została jeszcze ukończona.

Nevertheless, nothing was explained as a result of further exploration of the supposed burial of Ikhi Junior. In this case, another obstacle appeared, this time in the form of obliquely cut rock, as we came across a descending passage which was located deeper. That latter mystery was explained only when the façade of the chapel of Ikhi-Mery was unearthed. Its floor proved to be ... the ceiling of a tomb situated deeper. It was the first time we had discovered a multi-floor structure in the sepulchral architecture of Saqqara. The exploration of the lower tomb has not been finished yet.

*Fasada kaplicy kultowej generała Ichi-Meriego z niedokończoną dekoracją ścian; widok od wschodu.*
*Façade of the cult chapel of general Ikhi-Mery with unfinished decoration of the walls; view from the east.*

*Zachodznia ściana „Suchej Fosy": wejście do grobowca z czasów Starego Państwa; na pierwszym planie pochówki w glinianych trumnach z Okresu Ptolemejskiego (Nekropola Górna).*
*Western wall of the 'Dry Moat': entrance to an Old Kingdom tomb; in the foreground: two burials in clay coffins from the Ptolemaic Period (Upper Necropolis).*

W następnej kampanii musimy skupić się na przebadaniu szybów grobowych, które wykuto w skale zarówno wewnątrz jego kaplicy kultowej jak i przed nią. Kiedy i dla kogo wykuto grób dolny? Kim byli pośmiertni sąsiedzi jego właściciela? A co znajdowało się pod tym grobem? Czyżby kolejne piętro kaplic grobowych z okresu jeszcze wcześniejszego?

Odnośnie górnego piętra grobów dowiedzieliśmy się na razie tylko tyle, że Ichi-Meri w szczytowym momencie swojej kariery doszedł do stopnia generała, był więc jedną z najważniejszych osób w otoczeniu króla[26]. Nawet to nie zagwarantowało mu jednak godnego pochówku.

Nevertheless, our efforts during the next campaign must focus on examination of burial shafts which were carved in rock inside the cult chapel as well as in front of it. When and for whom were they carved? Who were the posthumous neighbours of the owner? What was located below the tomb? Was that by any chance another level of funerary chapels from an even earlier period?

The only thing we learned in connection with the upper floor of the tombs was that Ikhi-Mery became a general at the highlight of his career, and therefore, one of the most important people at the royal court[26]. However, even that did not ensure a noble burial for him.

*Dolne „piętro" unikatowej struktury sepulkralnej rysuje się pod kaplicą grobową generała.*
*Lower 'level' of the unique sepulchral structure emerges below the cult chapel of the general.*

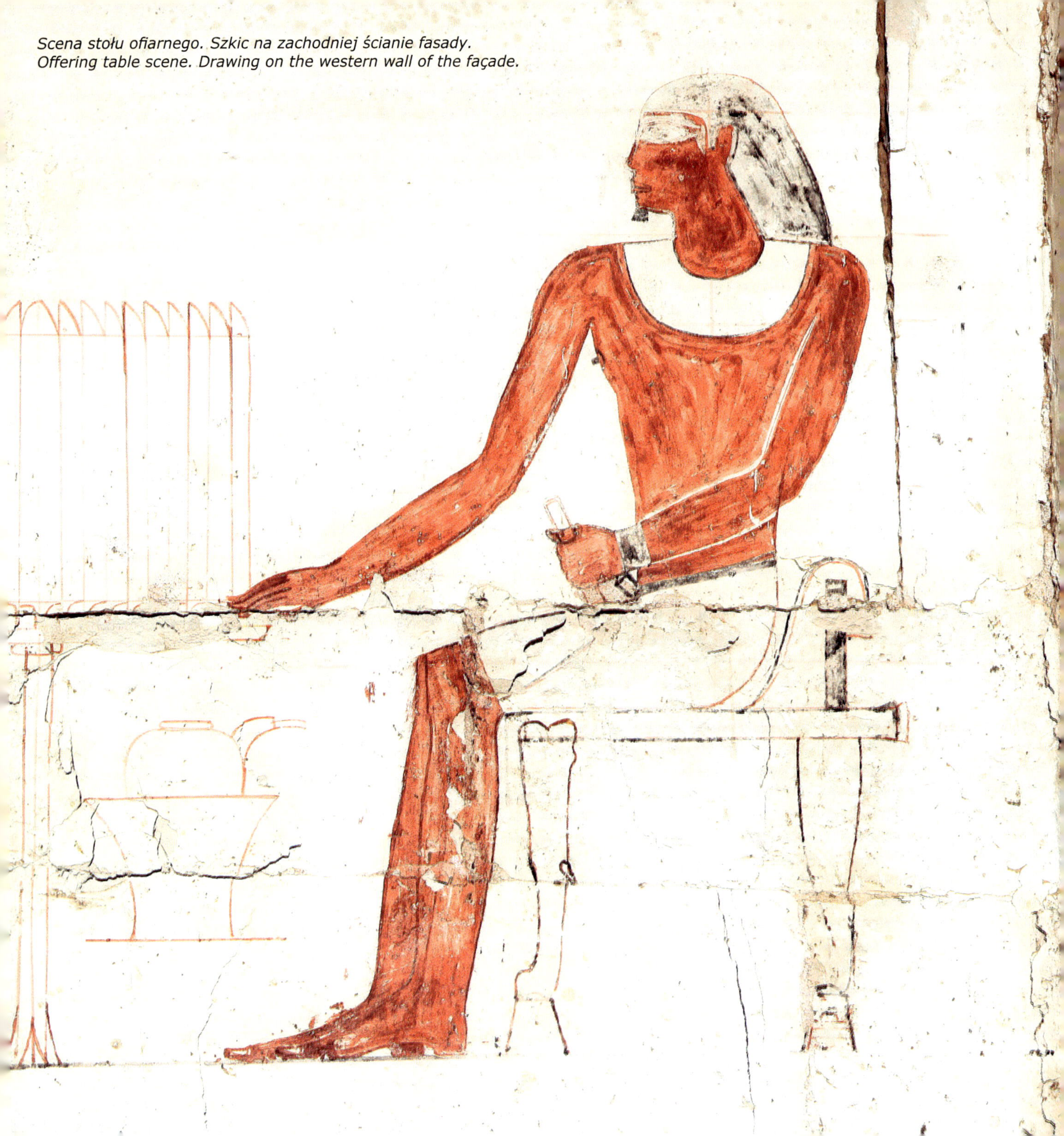

*Scena stołu ofiarnego. Szkic na zachodniej ścianie fasady.*
*Offering table scene. Drawing on the western wall of the façade.*

Dekoracja pięknej fasady jego grobowca nie została nigdy ukończona: niektóre inskrypcje i sceny figuralne pozostawiono na etapie szkiców, a partie płaskorzeźbione nie doczekały się polichromii[27]. Farbą pokryto tylko te detale reliefów, które miały być czarne.

The decoration of the beautiful façade was never completed: some inscriptions and figure scenes were only outlined and large portions of the reliefs were left unpainted[27]. Paint covered only those details of reliefs which were supposed to be black.

*Niewykończone płaskorzeźby na północnej ścianie fasady: procesja ofiarników (dolny rejestr) i stopy fragmentarycznie zachowanego wizerunku generała.*
*Unfinished reliefs on the northern wall of the façade: procession of offering-bearers (lower register) and feet of a partially preserved image of the tomb owner.*

*Modelunek twarzy w gipsowej okładzinie głowy zmarłego (Stare Państwo).*
*Facial features of a plaster mask wrapping the skull of a dead man (Old Kingdom).*

Jaki był pośmiertny los właściciela grobu? Nie można wykluczyć nawet takiej ewentualności, że ani on ani syn nie wrócili z kolejnej wyprawy w dalekie strony, co pozbawiło ich *ka* (rodzaj pośmiertnego sobowtóra) radości wiecznego oglądania najstarszej piramidy egipskiej.

What was the fate of the owner of the tomb after his death? It cannot be excluded that neither the father nor the son returned from another expedition to a distant location, which deprived their *ka* (a type of a double of the deceased) of the pleasure of watching the oldest Egyptian pyramid for eternity.

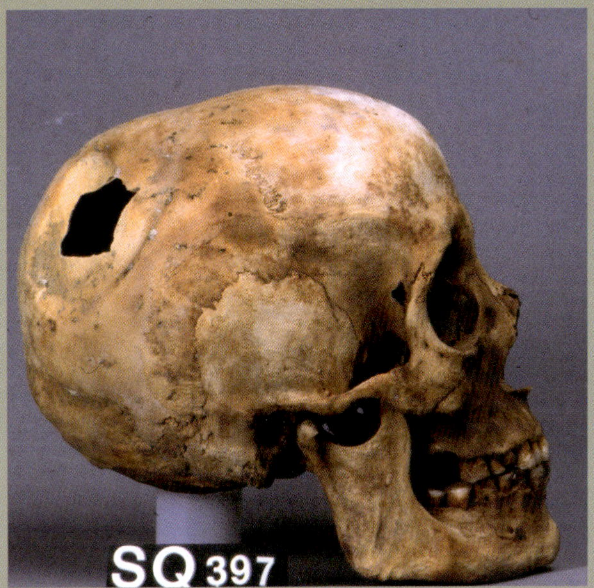

*Czaszka młodej kobiety z fragmentarycznie zachowaną okładziną gipsową zakrywającą otwór po trepanacji (Stare Państwo).*
*Skull of a young woman with a partially preserved plaster mask covering an aperture left after trepanation (Old Kingdom).*

*Drewniana figurka mężczyzny z zastawy grobowej dostojnika o imieniu Ni-Pepi (schyłek VI dynastii).*
*Wooden figurine of a man from the burial chamber of Ni-Pepy (the end of the Sixth Dynasty).*

Dotychczasowe badania objęły tylko górne partie „Suchej Fosy” i wyłącznie w miejscach przylegających do jej skalnych ścian. Tylko przy ścianie zachodniej zeszliśmy do głębokości niemal 10 metrów poniżej dzisiejszej powierzchni grubej warstwy piasku. Co kryją w sobie jej partie dolne? Nowoczesne metody badawcze, przede wszystkim z dziedziny geologii i geofizyki, pozwalają rozszerzyć zakres pytań. Obiektem badań są już nie tylko struktury sepulkralne i sakralne wykute w skale, lecz także kolejne warstwy piasku wypełniające „Suchą Fosę”. Dalsze badania będą miały charakter holistyczny, a ich celem będzie poznanie historii tego miejsca w oparciu o wszelkie możliwe źródła, jakie zawiera w sobie ta unikatowa konstrukcja.

The exploration performed so far has only included the upper parts of the 'Dry Moat' and just in the places adjacent to its rock walls. At some places, we reached a depth of almost 10 metres below the modern level of the thick sand cover. What is hidden in its lower portion? Modern exploration methods, mostly from the field of geology and geophysics, expand the range of study. The research does not only include the sepulchral and sacral structures carved in rock, but also layers of sand filling the 'Dry Moat'. Further studies will take a holistic approach, and their objective will be understanding the history of the place on the basis of all possible sources which are comprised in that unique structure.

## przypisy

1 K. Myśliwiec, Archaeology Meeting geophysics on Polish excavations in Egypt, in: *Studia Quaternaria*, An interdisciplinary journal on the Quaternary, 30/2 (2013): Geoarchaeology of the Memphite necropolis in Egypt, p. 45-59.
2 K. Myśliwiec, T. Herbich, with contribution by A. Niwiński, Polish Research at Saqqara in 1987, *Etudes et Travaux* 17 (1995), p. 177-203.
3 K. Myśliwiec, New faces of Sakkara. Recent discoveries in West Sakkara, Tuchów 1999, Fig. 15-18, 22-24, 26, 28.
4 Ibid., fig. 23, 24 b, 26; zob. K. Myśliwiec, K. Kuraszkiewicz et al., Saqqara I, The Tomb of Merefnebef, Warszawa 2004, Text, p. 66-68.
5 Myśliwiec, Kuraszkiewicz, Saqqara I, p. 65-174.
6 K. Myśliwiec, Pierwszy upadek państwa faraonów, in: *Nauka* 4 (2009), p. 43-66.
7 Id., Dating the tombs of Merefnebef and Nyankhnefertem in Saqqara, in: M. Bárta, F. Coppens, J. Krejči (eds.), *Abusir and Saqqara in the year 2010*/2, Prague 2011, p. 651-663.
8 N. Kanawati, Conspiracies in the Egyptian Palace. Unis to Pepy I, London 2003.
9 Ch. Theis, Ein ephemerer Herrscher des Alten Reiches, in: *Sokar. Geschichte & Archäologie Altägyptens*, 30 (2015), p. 56-67.
10 K. Myśliwiec, K.O. Kuraszkiewicz et al., Saqqara IV: The Funerary Complex of Nyankhnefertem, Warszawa 2010, p. 83-200.
11 K. Myśliwiec, The mysterious Mereris, sons of Ny-ankh-Nefertem (Sixth Dynasty, Saqqara), in: A. Woods, A. McFarlane, S. Binder (eds.), Egyptian Culture and Society, Studies in honour of Naguib Kanawati, *ASAE - Suppl.* 38/II, Le Caire 2010, p. 71-91.
12 Myśliwiec, Kuraszkiewicz, Saqqara IV, p. 192-200, Fig. 61, Pl. CXX-CXXXII.
13 K.O. Kuraszkiewicz, Saqqara V/1: Old Kingdom Structures between the Step Pyramid Copmplex and the Dry Moat – Architecture and Development of the Necropolis, Warszawa 2013, p. 272-284.
14 K. Myśliwiec, The Dead in the Marshes-Reed Coffins Revisited, in: M.A. Jucha, J. Dębowska-Ludwin, P. Kołodziejczyk (eds.), Aegyptus est Imago Caeli. Studies Presented to Krzysztof M. Ciałowicz on His 60th Birthday, Kraków 2014, p. 105-113.
15 Id., Trois millénaires à l'ombre de Djéser : chronologie d'une nécropole, in: Ch. Zivie-Coche, I. Guermeur (eds.), *« Parcourir l'éternité », Hommages à Jean Yoyotte*, II, BEHE, Sc. Rel. 156, Turnhout 2012, p. 855-857, Pl. 3 a-b; Id., The Dead in the Marshes, p. 108-111, Fig. 6-9.
16 S. Ikram, Typhonic bones: a ritual deposit from Saqqara?, in: *Behaviour Behind Bones. The zooarchaeology of ritual, religion, status and identity. Proceedings of the 9th Conference of the International Council of Archaeozoology*, Durham 2002, p. 41-46.
17 F. Welc, Installing a Stone Sarcophagus in the Burial Chamber of an Old Kingdom Shaft, with Appendix by T.I. Rzeuska, Pottery from the Shaft No. 113 and Its Burial Chamber, in: *Etudes et Travaux* 23 (2010), p. 179-211.
18 K. Myśliwiec, Eine geheimnisvolle Rampe und Plattform an der Westseite der Pyramide des Djoser, in: *Sokar* 11, 2005, p. 6-7; Id., Fragen an eine Nekropole in Sakkara, *Sokar* 13 (2006), p. 14-16, Abb. 20-24; Id., Zwischen der Stufenpyramide und dem „Trockenen Graben": Neue Entdeckungen in Saqqara, in: *Maat. Archäologie Ägyptens* 1 (2004), p. 15-17.
19 Id., Trois millénaires, p. 859-860, footnotes 46-48, Pl. 6 a-b.
20 M. Radomska, A. Kowalska et al., Saqqara III: The Upper Necropolis, part I: The Catalogue; M. Kaczmarek, A. Schweitzer et al., Saqqara III, The Upper Necropolis, part II: Studies, Warsaw 2008; A. Kowalska, M. Radomska, I. Kozieradzka, The Upper Necropolis above the Funerary Complex of Nyankhnefertem: The Catalogue of Burials and small Finds, in: K. Myśliwiec, K.O. Kuraszkiewicz et al., Saqqara IV: The Funerary Complex of Nyankhnefertem, Warszawa 2010, p. 25-72, Pl. I-XXXI.

21 K. Myśliwiec, Hole or whole? A cemetery from the Ptolemaic Period in Saqqara, in press; proceedings of the conference 'Fragments, Holes, and Wholes: Reconstructing the Ancient World in Theory and Practice' (Warsaw, June 2014).
22 F. Welc, The Third Dynasty Open Quarry West of the Netjerykhet Pyramid Complex Saqqara), in: *Etudes et Travaux* 24 (2011), p. 271-304.
23 M. Radomska, Child Burials at Saqqara: Ptolemaic Necropolis West of the Step Pyramid, in: *Etudes et Travaux* 29 (2016) – in press.
24 K. Kuraszkiewicz, The Tomb of Ikhi/Mery in Saqqara and Royal Expeditions During the Sixth Dynasty, in: *Etudes et Travaux* 27 (2014), p. 201-216; K. Myśliwiec, Das Grab des Ichi westlich der Djoser-Pyramide. Neue Forschungen der Polnisch-Ägyptischen Archäologischen Mission in Sakkara, in: *Sokar. Geschichte & Archäologie Altägyptens*, 30 (2015), p. 46-55.
25 Kuraszkiewicz, The Tomb of Ikhi/Mery, p. 207-213.
26 Id., Ibid., p. 206, 213.
27 Myśliwiec, Das Grab des Ichi, p. 51-54, Abb. 10-16.

*Archeolodzy wszystkich krajów łączcie się: prof. Karol Myśliwiec z egipskimi robotnikami podczas eksploracji szybu grobowego.*
*Archaeologists of all countries – come together: professor Karol Myśliwiec with Egyptian workers exploring a burial shaft.*

Wydawnictwo Instytutu Kultur Śródziemnomorskich i Orientalnych Polskiej Akademii Nauk
Edited by Institute of Mediterranean and Oriental Cultures, Polish Academy of Sciences
*ul. Nowy Świat 71, 00-930 Warszawa, www.iksio.pan.pl*

*with co-operation by*

Centrum Archeologii Śródziemnomorskiej im. K. Michałowskiego, Uniwersytet Warszawski
Polish Centre of Mediterranean Archaeology of the Univeristy of Warsaw
*ul. Nowy Świat 4, 00-497 Warszawa, www.pcma.uw.edu.pl*

Redakcja / Editor:
Teodozja Rzeuska

Tłumaczenie / Translator:
Barbara Majchrzak

Projekt, projekt okładki, skład DTP / Design, cover design, typesetting:
Teresa Witkowska



ISBN: 978-83-943570-0-9

Druk/Print:
Oficyna Wydawniczo-Poligraficzna i Reklamowo-Handlowa ADAM.
ul. Rolna 191/193; 02-729 Warszawa

zdjęcia na okładce / cover photo:

- *Obszar polskich wykopalisk po zachodniej stronie piramidy Dżesera / Area of the Polish excavations on the western side of the pyramid of Djoser* (J. Dąbrowski),
- *Głowa drewnianej figurki mężczyzny z zastawy grobowej dostojnika o imieniu Ni-Pepi / Head of wooden figurine of a man from the burial chamber of Ni--Pepy* (M. Jawornicki)

wnętrze okładki / inside cover:

- *„Lista ofiar" na zachodniej ścianie kaplicy kultowej Merefnebefa / 'Offering list' on the western wall of the cult chapel of Merefnebef* (S. Sadowski)

| autor zdjęcia/photo's author | strona/page |
|---|---|
| Beata Błaszczuk | 31, 64, 70 |
| Jarosław Dąbrowski | 15, 16-17, 19, 20, 22-23, 24-25, 26-27, 41, 47, 50, 52, 55, 68, 71, 73, 74-75 |
| Maciej Jawornicki | 2, 30, 32-33, 40, 54, 56-57, 62, 72, 77 (dolne/ lower), 78 |
| Zbigniew Kość | 12-13, 42 |
| Kamil O. Kuraszkiewicz | 11 |
| Karol Myśliwiec | 4, 6 |
| Kamila Orzechowska | 60-61 |
| Marek Puszkarski | 39 |
| Stefan Sadowski | 14 |
| Jakub Śliwa | 8, 45, 58, 66-67 |
| Fabian Welc | 38 |
| Wojciech Wojciechowski | 28-29, 34-35, 36, 48, 76, 77 (górne/top), 81 |

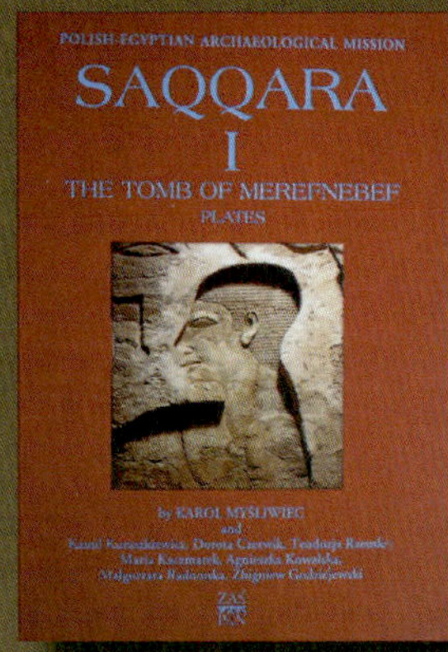

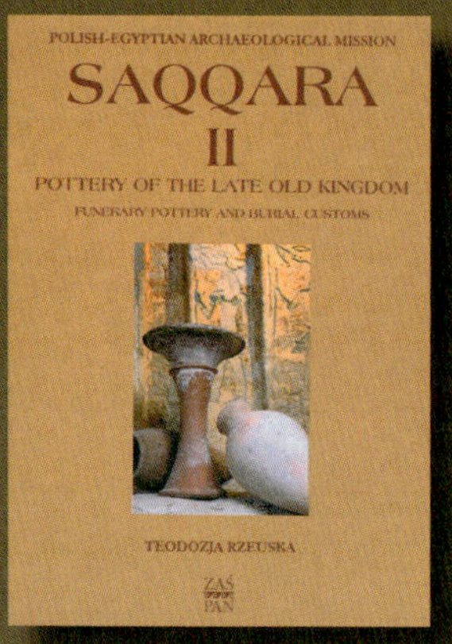

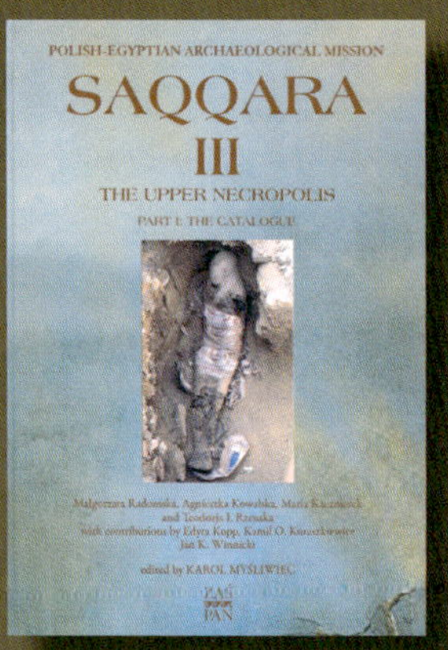

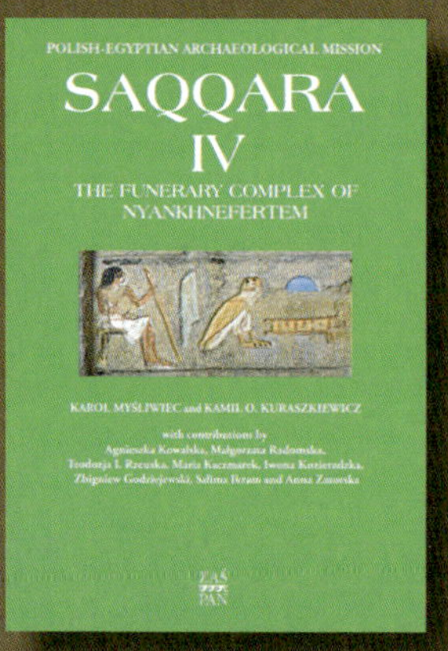

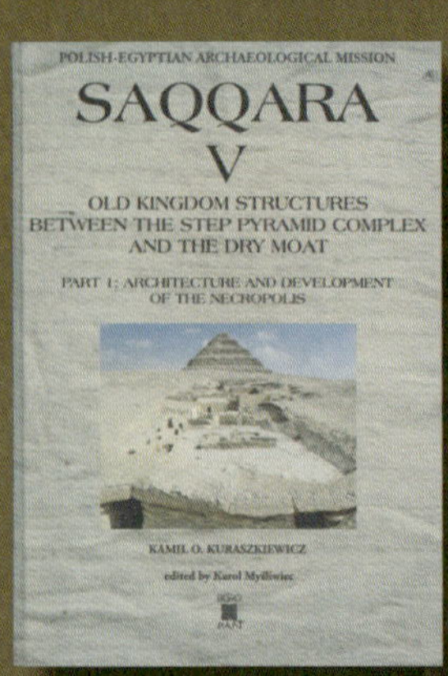

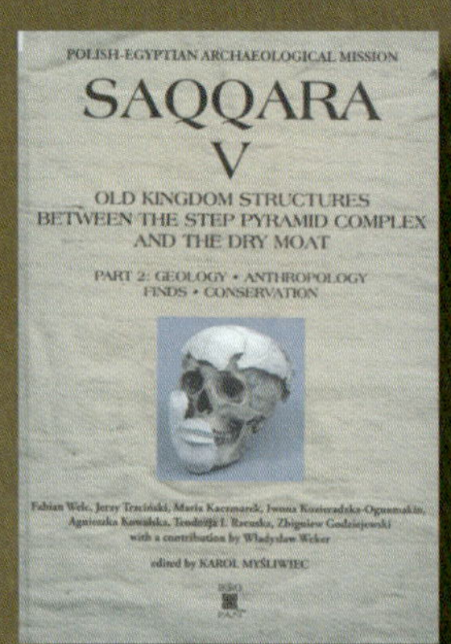

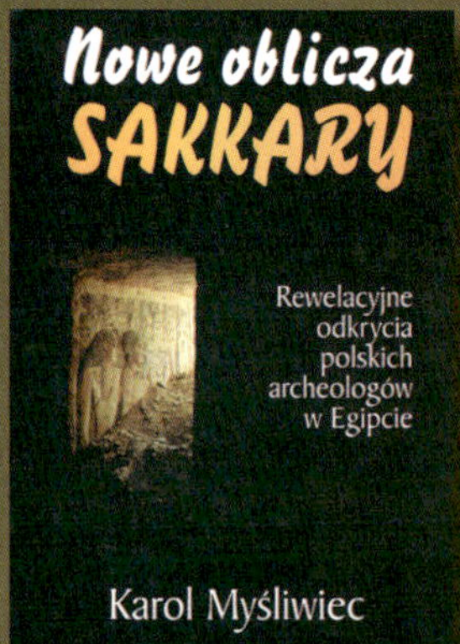

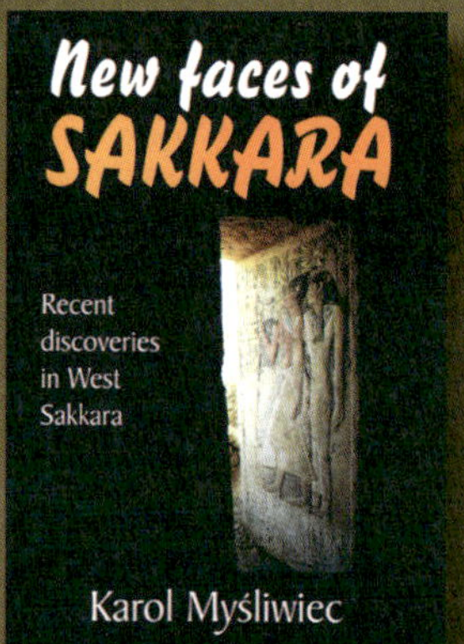


OPRACOWANIA MONOGRAFICZNE POLSKICH BADAŃ ARCHEOLOGICZNYCH W SAKKARZE
MONOGRAPHS ON POLISH ARCHAEOLOGICAL RESEARCH IN SAQQARA

INSTYTUT KULTUR ŚRÓDZIEMNOMORSKICH I ORIENTALNYCH PAN; NOWY ŚWIAT 72; 00-330 WARSZAWA; *www.iksio.pan.pl*